僅獻給賦予我雙翅的母親、母國

Privacy is Power

私隱即權力

卡里莎・貝利斯 著
吳品儒 譯

Carissa Véliz

目錄

本書概要

「那些人」正在監視我們。「那些人」知道我正寫下這些話，「那些人」知道你在閱讀我的作品。「那些人」是誰？是科技公司、商業機構、公營單位，他們監看著你我，監看著我們認識的每一個人。監視者每一天、每一刻都盡可能網羅記錄一切訊息，例如網絡使用者的位置資訊、通訊內容、搜尋記錄、生物辨識訊息（biometric）、社交活動、購買記錄。被監視者收集的訊息，比你想像中還多。他們掌握了我們的身份，參透了我們的想法，找到我們的弱點。監視者想要預測、影響我們的行動，他們掌握的權力太過大，而賦予他們權力的個人資料，竟是來自我們手中。我們現在就該採取行動，把控制的權力拿回來。唯有重奪私隱權，才能重新主導我們的社會和人生。

網絡獲利的最大源頭就是數據經濟（data ecomomy），也就是企業透過網絡收集、分析、交易用戶的個人資料。你應該愈來愈常看到，社會上各行各業將個人資料交易當作商業獲利模式。這就是監控社會、監控資本主義。[1]

但是為了讓你接觸到本書，我迫不得已也利用了監控資本主義的手法，真是抱歉。[2]你是怎麼注意到這本書的呢？你還記得第一次留意到本書是什麼時候嗎？你在哪裡看到本書的資訊？你會看到，或許是因為你已經被某些平台標注為「開創型消費者」（pioneer），這類型的用戶特別渴求新知識以及新體驗，喜歡刺激思考的書。或許你被標注為「倡議型消費者」（advocate），你特別在乎社會議題、政治話題。我說中了嗎？讓本書曝光的促銷手法多半會透過濫用個人資料剝奪網絡用戶的權力，但是本書的目的卻是讓你重掌權力。

如果你不是因為數碼監控手法而買下本書，之後大概也會掉進監控的圈套。假設你用Kindle、Google Books等來閱讀本書，業者會記錄你的閱讀速度、休息頻率、畫記重點。如果你是從實體書店購得此書，那麼你移動到書店的途中，所有動靜早已都被口袋中的智能手機記錄下來，也包括你在書店停留多久，進而追蹤你感興趣的書店商品以及購買記錄。如果你用支付平台或信用卡結帳，你的個人資料就可能會被賣給個人資料仲介，再轉賣給保險公司、電訊公司、銀行，以及各種對你有興趣的企業。或許你將電子支付與會員回饋（loyalty system）綁定，這樣一來購買記錄就自動輸入會員系統，你將會被推薦更多演算法認為你會購買的產品和服務。[3]

數據經濟的弊端

數據經濟以及它所豢養的監控主義無孔不入，出沒在各種意想不到的地方。業者並未告知用戶他們的資料將會被如何使用，在使用前當然更沒有徵求用戶同意。業者在搜集資料時，也許未獲得當地政府的同意。世界愈來愈數碼化，當我們漫遊其中，一個不注意留下個人資料足跡，（想要清除時）卻找不到法例依據來實行。等到我們意識到自己被追蹤了，監控模式早已建立。用戶的私隱大半蒸發。發生Covid-19疫情之後，私隱更是面臨新威脅，因為許多實體活動變成網上進行，再加上人們都為了「全民福祉」之名犧牲了自己的個人資料。我們應該審慎思考等到疫情遠離之後，想要生活在怎樣的世界裡。要是疫情期間的監控持續下去，沒有私隱的世界將會非常可怕。

什麼是私隱權？這個權力讓你確保別人無法得知你最私密的事情，例如你的想法、經驗、計畫，與他人的對話。人都需要私隱，躲進私領域裡卸下人際互動的負擔，讓想法自由奔放，釐清自己的思緒。私領域裡沒有多餘的壓力，也不怕他人施壓濫權。人人都需要私隱，才能成為獨立自主的個體；也唯有獨立自主的個體存在，民主體制才能順利運作。

但是我們的生活點滴透過個人資料淪為監控經濟的一部分，所有人的希望、恐懼，所有人的寫作和閱讀記錄都有機會被利用。我們的人際互動、錯誤抉擇、購買記錄、病歷資料、個性弱點都被掌握，我們的臉孔和聲音等生物辨識資料都被收集分析。太多有心人士想將個人資料轉為不法用途：隱匿的病歷資料被賣給保險公司、僱主、公營機構；我們被推銷對自己沒好處的商品；我們被挑起對立，造成社會內鬥；我們接收到假訊息，民主政府搖搖欲墜。被數碼監控的社會中，公民變成無事愛湊熱鬧的網民，再被降級成榨取個人資料的用戶。以上情況必須停止。濫用他人私隱的人破壞了我們對網絡的信任，現在就該停止他們這種行為，一切就從我們的個人資料開始。

雖然數據經濟已然形成，但是重奪私隱猶未晚也。公民自由危在旦夕，這幾年所制定的私隱政策將會影響到往後的整體歷史。從政治宣傳、企業收入、醫療進步速度、公共衛生目標、我們承擔的風險、人際互動、乃至於公私部門能掌握多少權力，種種執行都取決於社會整體對於私隱的取捨，這份取捨尤其會影響到我們的權利在日常生活中是否受到尊重。

我寫作本書的目的，在於闡明現今的私隱狀況，告訴讀者監控經濟如何形成，我們為什麼該阻止個人資料交易，實際作法又有哪些？第一章我將描寫平民百姓在監控資本主義下的一日生活，讓讀者看見私隱被剝奪的日常風景。第二、三章將會解釋數據經濟的形成過程，希望各位讀者在了解數據陷阱形成背景後想出脫困的方法。第四至六章論述擁有私隱等於擁有權力，因此擁有最多個人資料的人將會主導社會。如果企業擁有過多個人資料，往後將大有機會由富人治國。如果政府掌握過多個人資料，社會將容易走向極權主義。唯有將私隱還給人民，社會才能真正自由。讓人民掌握私隱等於賦權於人民，這才是私隱權至關重要之處。

監控經濟不但促成、加劇了令人厭惡的權力不對等，也因為交易了「有毒」的個人資料而具有風險。第七、八章將會告訴讀者為何個人資料具有「毒性」，侵害我們的生活、機構、社會。人們不應該接受一個專門侵犯權利的經濟體系。第九章講述社會為了阻絕監控經濟該採取什麼手段；第十章則告訴各位讀者身為普通人，該如何藉由重奪個人資料的掌控權，重整民主社會。

眼下並非坐看私隱權垂死的時刻，即便私隱權受到重挫，跟十年前的形勢比較起來，我們現在手中握有更好的籌碼。現在只是數碼時代個人資料保衛的前哨戰而已。放手讓私隱權消失的風險太大了，會危及到生活的本質——大至平等、權利、自由，小至發揮創意、親密互動都無法倖免。人們一再受到欺瞞，導致個人資料遭到利用並且害到自己。這種事情必須到此為止。如果人民幾乎沒有私隱，社會很難順利運作。監控資本主義不該存在，要讓它消失雖然費時費力，但終究我們會重奪私隱，一起來看看該怎麼做吧。

第1章　無處不在的個人資料取用者

正在閱讀本書的你此刻應該已經明白，你的個人資料會在未經許可的狀態下被收集、儲存、分析。但你知道私隱在日常生活中被全面入侵到什麼程度嗎？現在就從一天的行程說起吧。

你早上醒來第一件事先做什麼？應該是看手機吧。這就是私隱最早失守的時間點。如果你早上起來馬上看手機，等於喚醒你身後的一票監視團隊，團隊成員包括手機製造商、手機應用程式背後的團隊、電訊公司。這樣一來他們就掌握了你的起床時間、睡覺場所、你和誰共寢（或許你的枕邊人也會把手機帶到床上）。

如果你有配戴智能手錶的習慣，那麼你還沒起床就已經暴露部分私隱了，因為手錶會記錄你在床上的每一個動作，當然連性行為也不會遺漏。[1]假設僱主或有廠商提供你一款智能手錶，但前提是你要配合加入公司的健康計畫，培養良好的養生習慣，才有可能降低保費（減輕公司負擔），你能拒絕老闆的提議嗎？你日後不會被這些健康數據反將一軍嗎？你確定老闆不會看到你的健康狀況嗎？[2]在法律上，僱主提供的設備（例如手提電腦、手機、健康追蹤儀器），所有權依然屬於僱主。他們不需要經過你同意，隨時隨地都可以透過儀器取得你的資料。[3]

回到你的生活。你看看自己的夜間心跳率，然後把資料傳送到手機上（心搏太快，要多運動），然後你起床用電動牙刷刷牙，這時一個應用程式跳出提示，說你刷牙頻率不如預期。

你睡過頭，起床時另一半已經出門工作。你走去廚房泡咖啡，要加糖時才發現糖用完了，於是想跟鄰居借糖，走到對方家門口卻發現有點不對勁，那裡竟然裝了一台監視器。鄰居開門後向你解釋那是新型的智能門鈴。如果這款門鈴剛好是「Ring」（其公司被亞馬遜收購），那麼影片就可能就會被Ring的員工看到，他們會用人工辨識出現在影片中的物品，訓練軟件學習視覺辨識。監視器的影像片段會以不加密的方式儲存，很輕易就能駭入。[4]其實亞馬遜已經申請專利，要將自家臉部辨識軟件應用在門鈴上。Google Nest已經把同樣的技術用在攝影機上了。在美國的華盛頓特區，當地警方想把私人監視器登記在冊，甚至補貼民眾裝設。[5]不過智能門鈴的影片會被用在什麼場合，最後會流向何方，結果可想而知。

鄰居跟你說她家也沒糖，你只好回家將就啜飲苦澀的咖啡。你打開電視（當然也是智能電視）看一下新聞，這時電話響了，是另一半打來的。你把電視調校至靜音。

「你怎麼還在家呢？」

「你怎麼知道？」

「我的手機可以連上家裡的電錶，我看到你在用電。」

「我睡過頭了嘛。」你解釋道。

你霎時間冒起一個疑問：這是我第一次被智能產品監視嗎？智能產品不僅存在私隱漏洞，它的資訊安全系統也同樣受到質疑。[6]不法分子可以非法入侵某戶人家的電錶，看對方什麼時候不在家然後趁機闖空門。[7]智能電錶的數據由電力公司掌管、分析，有些數據可能非常敏感。因為用電足跡其實非常精準，可以準確顯示你收看的電視頻道[8]，於是你的收視興趣就被轉賣給第三方了。

這時正值青春期的兒子走過來打斷你的思緒，他想跟你聊聊，話題有點敏感，可能跟毒品、性、校園欺凌有關。你讓電視繼續開著當作背景聲音。不過電視可能會開啟「自動辨識內容」（ACR，automatic content recognition），主動辨識你在電視上看到什麼，然後將數據回傳給電視製造商或第三方收集者，或許以上單位都會收到資料。研究者發現，三星智能電視在使用十五分鐘之後，就連上超過七百個不同網址。[9]

這還算是最輕微的問題了。要是當初你在購物時仔細閱讀商品的私隱權政策，就會發現上頭的警告這樣說，「請注意，要是交談內容包括個人訊息或是機密內容，也會被一併收集傳送到第三方。」[10]就算你以為電視已經被關掉了，它還是有可能持續運作。電影中的中情局或是軍情五處等情報機構可以讓電視看似已被關閉，事實上卻在錄音，這可不是光在演的。[11]

兒子把最私密的想法向你透露，也同時透露給電視廠商以及數百個陌生的第三方組織。兒子之後去上學，校方會檢查到他的網絡使用狀況。[12]這時電視開始播廣告，你渾然不覺電視和電台的廣告還有商店中的音樂，都含有人耳聽不見的超聲波信號讓手機接收。這是聲音版本的網絡cookie，讓商家可以透過位置三方比對你的裝置和購物習慣，而且超聲波信號可以跨裝置追蹤，所以要是你在早上看到某商品的電視廣告，過了一會才用手提電腦上網搜尋相關資料，之後在附近的實體店或網絡商店購入該商品，以上這些活動都在追蹤者掌握中。[13]

你的一天還沒過完呢，又一通電話打來，這次的來電者是職場同事。

「嘿，不知道是怎樣，我在辦公室收到一段你和兒子聊天的錄音，內容很私人，可能是亞馬遜的數碼助理Alexa寄來的。」

感謝同事告知後你掛上電話，不知道Alexa是否也把同一段錄音寄給其他聯絡人了？氣急敗壞的你聯絡亞馬遜客戶服務，他們這樣回覆：「可能你們對話中的某個詞聽起來像『Alexa』所以啟動了Echo喇叭，然後你們又說了類似『寄送』的詞語，所以錄音就寄出去了。想必Alexa有問要寄給誰，你們接下來隨口說的話被數碼助理判斷成一個人名寄送出去。」[14]有時候電視節目中出現的指令諧音會啟動智能喇叭，如果你家電視一直開著，這種情況可能一天會發生1.5至19次（這還不包括電視中實際出現啟動指令）[15]。奧勒岡州的波特蘭就發生過某用戶的私人對話被Alexa亂寄出去，用戶發誓再也不會使用Alexa。[16]你一怒之下將喇叭丟向牆，而你相信伴侶知道後會很不高興。

網上會議、社交平台與手機應用程式

現在你總算開車前往辦公室，這輛車是從認識的朋友那裡買來的。你或許完全沒想到，原本的車主仍未登出她手機上的汽車相關應用程式，所以還能存取你的行車資料。[17]除了這些程式，車商也搜集了你的個人資料，例如你造訪的地點、行車速度、音樂選擇、視線動向。車商甚至知道你有沒有把手放在軚盤上、用座椅測量你的體重，以上資料都有可能落入保險公司或其他第三方手中。[18]

你從倫敦的家移動到西敏寺的辦公室。途徑國會大廈時，手機的資料可能就被沿途的國際移動用戶識別碼擷取器（IMSI catcher）攔截。這種擷取器偽裝成手機發射站，讓手機誤接上去，一旦連結成功就會得到用戶的身份識別以及位置資訊，也能竊聽手機對話、讀取訊息，甚至也能看到上網記錄。[19]證據顯示進入國會大厦附近或在和平示威時，會被倫敦警方用IMSI監視[20]，所以網絡上常看到有人建議，抗議時為了保護私隱最好把手機留在家裡。雖然使用IMSI的通常是政府單位，事實上誰都能用這種裝置，畢竟這是由私人企業所販售，而且一般住家也能製造。

手機資料被稀里呼嚕吞下的同時，你走進辦公室。同事跟你打招呼，再看了看手錶，顯然有人注意到你遲到了。你坐在電腦前深呼吸，結果看到一大堆未讀電郵就亂了套。[21]你打開第一封郵件，寄件者是老闆，「嘿，你今天早上不在辦公室。我之前跟你說的報告可以準時交嗎？」當然可以，但你希望他不要這麼緊迫盯人。

下一封是匿名評估同事的評分表，老闆篤信職場監視有其必要性，他追蹤你的一舉一動，記錄你是否出席會議、講座，甚至在意你是否參與下班後的非正式聚會。你還知道老闆會瀏覽你的社交平台，因為你以前發表的政治看法就曾經被他警告。現在想到你要跟同事互相秘密評分就覺得很噁心。

這時候你最喜歡的鞋子品牌寄來了廣告電郵，你或許以為收信不會傷害自己的私隱，事實上七成廣告電郵和四成一般電郵都含有追蹤碼[22]，當讀取信件就等於讓第三方單位跨網域、跨裝置追蹤你，而且他們能夠辨識網絡活動是否來自同一個使用者。追蹤碼可能藏在廣告的色塊、字體、像素、連結裡。其實一般人也會用追蹤碼查看自己的信件是否已被讀取，得知讀取的時間和地點。追蹤碼可以透露使用者的位置，一個高科技的跟蹤狂可以透過電郵找出你的下落。

下一封是哥哥寄來的，雖然你已經三番四次提醒他不要寄電郵到你的工作信箱，但他依然故我。提供郵件地址的僱主或學校都有辦法讀取你的信件內容[23]，所以絕對不要把工作信箱拿來處理私人信件。總之你看了哥哥寄來的電郵，他說他生日時收到DNA檢測工具組，他興匆匆地測驗了自己的DNA，發現原來你們家帶有四分之一的義大利血統。另外他還有三成機會罹患心臟病。他說由於你們有血緣關係，這件事還是說出來比較好。你回覆：真希望你做測試前有經過我同意，事關你的基因組合也包含我和我孩子的基因密碼。然後說到四分之一的義大利血統，難道你忘了祖母是義大利人嗎？想更了解家人可以問我呀。

你開始擔心自己的基因資料被搜集，你看了那間公司的私隱權條款，真是不妙，他們聲稱具有DNA樣本所有權，且得以用任何方式處置。[24]DNA檢測公司通常會在私隱權條款中聲明將資料「去識別化、使用化名」來讓受測者安心。但是基因資料並沒有那麼容易去識別化，因為基因本來就是獨特的，否則就不能拿來判定身份和親屬關係不是嗎？就算用隨機產生的亂碼ID取代受測者姓名，也不保證不能反向推回真實身份。電腦科學家馬林（Bradley Malin）和史威尼（Latanya Sweeney）在二零零零年透過可公開取得的保健資料以及特定疾病知識破解匿名基因庫，結果從資料反向推回真實身份的成功率高達98至100%。[25]

不知道哥哥的基因資料下落何方？不知道以後申請保險理賠或求職的時候，你和你兒子會不會受到影響？家用基因檢測套組最大的缺點就是準確性低，約四成結果都是偽陽性。[26]哥哥把家族基因的私隱洩露出去，得到一些亂七八糟的數據，這些數據在保險公司或其他組織眼中卻都是貨真價實的檢測結果。

該和客戶開會了，對方要求透過ZOOM進行。很多人都是在疫情期間才接觸這個會議軟件，後來它成為疫期最普遍的視訊會議軟件。你之前的使用體驗並不愉快，因為那時你私訊同事取笑客戶的穿著打扮，結果會議結束後對方卻收到談話內容的完整謄錄。現在你學懂不再用私訊功能，而且謹慎對待開會時說過的每一句話、分享的每一份文件。[27]早前ZOOM似乎改善過私隱和安全條款，但他們之前也承諾過要提供點對點加密卻食言，那麼ZOOM還值得信任嗎？[28]

會議結束之後你想要稍微休息，無意識下開始滑臉書，想說只要用一下下就好了，或許看看朋友的照片會讓自己心情好一點（並不會）。你覺得老闆會監控公司電腦，所以你用自己的手機上臉書。有關臉書如何侵犯我們私隱權的新聞太多了，要是全部仔細交代會需要再寫一本書。以下我只透過幾點來說明臉書如何侵犯使用者私隱。

登入臉書之後，你的一舉一動都會被追蹤，例如滑鼠的移動軌跡[29]、你的帖文內容、發布前就因為自我審查而刪除的帖文。[30]你看看有哪些「可能認識的朋友」，這功能替臉書大幅拓展版圖，從二零零八年啟用時的一億用戶拓展到二零一八年超過二十億用戶。在可能認識的朋友欄位，或許會出現遠親或以前的同學，這聽起來還不算糟，但我勸你不要在這裡花太多時間，要是你一直往後查看，可能會發現臉書刻意把你不想深交的人推到你面前。

有些人際關係是不能曝光的，例如性工作者的真實身份要是被客人知道就會造成麻煩[31]；如果病人把精神科醫生加入聯絡人，而臉書擅自存取聯絡人又任意連結，當醫生與病人互加好友，就會讓醫病關係曝光。[32]其他不良的關係包括騷擾犯和受害者，這下讓他知道了對方的真實身份。「可能認識的朋友」功能也讓丈夫意外發現妻子的外遇對象，或是讓失竊車主找到偷車賊。[33]

臉書目前的主張是「賦予用戶打造社群的力量，讓世界更緊密。」。「讓世界更緊密」說起來好聽，但換作是你，你會想跟令人厭惡、恐懼的對象產生更緊密的連結嗎？為了私人或職業關係而需要保持人際距離，這種關係又怎麼說？

從許多層面看來，臉書都缺乏尊重私隱的意識。劍橋分析（Cambridge Analytica）為了政治因素分析了八千七百萬名臉書用戶的個人資料。[34]二零一八年臉書被黑客入侵，導致一千四百萬名用戶的個人資料遭竊。[35]多年以來，臉書讓微軟的搜尋引擎「Bing」在未經使用者同意下查看用戶好友名單，又讓Netflix以及Spotify讀取用戶私訊，甚至還可刪除。[36]二零一五年，臉書在未經用戶同意下讀取Android使用者的訊息和通話。[37]

臉書還可能在未徵求你完整同意狀況下，就在你的照片上使用臉部辨識。照片標籤建議功能問你「這是Jack嗎？」你回答「是」，這就是在幫臉書免費訓練他們的臉部辨識演算法。臉書已為其系統申請專利，可辨識商場顧客臉孔並連結對應的社群帳戶。[38]更糟的是，臉書曾以二階段認證為由，要用戶登記手機號碼，結果卻將號碼挪為已用，整合WhatsApp的帳戶個人資料內容，以及拿來投放廣告。[39]二零一九年，大批臉書用戶的手機號碼被公布在一個網絡資料庫中——臉書儲存用戶電話號碼的伺服器竟然沒設密碼加密[40]，這還只是近年資料外流的災難之一。[41]

臉書乍看之下是個社群網站，事實上卻透過讀取個人資料滲透你的生活，對你施加影響力。與其說臉書是社群網站，其實更像個人化廣告大平台——費盡心思以最隱蔽的方式挖取大量的個人資料，才能把獲取你關注的機會轉賣給廣告商。從往績看來，臉書每次出狀況到最後總是能夠擺平。就算最初承諾過什麼，它翻臉也是很快的。[42]你躲不開這頭渴求個人資料的猛獸，現在很多網站都有「讚」按扭，就算沒有按下去，臉書也可能跨網頁追蹤。[43]難怪英國國會報告把臉書近幾年來的行為稱做「數碼流氓行徑」。[44]

午餐時間到了，不過你還沒有很餓，所以打算先去附近買點東西送給兒子，可能會讓他心情好轉。

你來到服飾店想買件襯衫，像這種社區小店已經逐漸不敵網絡購物，因為數據經濟剛形成的時候，網購業者率先收集海量的顧客個人資料。實體店不落人後，這間服飾店追蹤你裝置上的Wi-Fi，判斷你是否回頭客。行動裝置本身具有獨一無二的識別碼MAC（media access control），店家透過追蹤MAC就能研究你的購物行為。[45]

這樣還不夠，店家還可以透過攝影機收集你的資料，例如逛街路徑，研究你被什麼吸引，記錄你的逛街動線。攝影科技先進得甚至可以分析你的視線動向，透過你的表情和肢體動作解讀你當下心情。[46]如系統有使用臉部辨識，就可以和資料庫中的記錄交叉比對，看你是否為順手牽羊的慣犯或已知犯罪分子。[47]

買完東西之後你看看手機，熒幕跳出一則要看醫生的提示。某個健康問題已經困擾你好幾個星期，你上網查過相關病徵和解決辦法，同時也希望那毛病會自己好轉，但是狀況並未改善。你沒向任何家人提起此事，因為你不希望他們瞎操心。但是在網絡上搜尋病症，會讓搜尋引擎變得比另一半還更了解我們的健康狀況。誰叫使用者對於搜尋引擎總是從不撒謊或隱瞞呢？

你去看醫生，在候診室又收到另一則通知，原來是你姐姐最新發佈的姪女照片。你看到姪女胖嘟嘟的臉龐便笑逐顏開，同時也暗自擔心把小孩照片貼上網可能會帶來什麼後果。用戶貼上網的照片都被用來訓練臉部辨識演算法，應用在各種負面用途，例如極端至監視少數族裔或揭露成人影片演員的真實身份等。[48]雖然很擔心，但你看到姪女無邪的微笑，還是先擱下了心頭擔憂。有時候你的生活樂趣就全指望她的照片了，這時候大數據就變得可愛了一些，儘管你明知大數據能存活就是依靠騙流量的可愛寶寶圖片。

看診的時候醫生問了很私人的問題，並且用電腦記錄病歷、安排檢查日期。這時你心想，不知道自己的資料會被如何處理。很有可能你的個人資料就是會被賣掉。個人資料仲介[49]取得病歷的管道包括藥局、醫院、診所、健康管理應用程式、網絡搜尋記錄等等。你的病歷可能流入研究員、保險公司或是對你有興趣的僱主手中。[50]英國國民保健署（NHS）也有可能在未取得同意下把你的病歷捐給Google母企Alphabet所擁有的AI公司DeepMind。病患不但私隱被侵犯，也沒有得到任何好處。DeepMind不保證不會連結你的病歷和Google帳戶，進一步侵犯你的私隱。[51]

美國光是在二零一五年就有一億一千二百萬筆醫療記錄遭到入侵。[52]不要以為病歷曝光沒什麼，二零一七年就曾經有罪犯駭入醫療美容診所取得病歷、勒索客戶，最後還公開了數千張客戶照片，當中包括裸露的身體部位、客戶個人資料、護照副本、保險號碼。[53]

看病中的你想起以上事件開始想要對醫生撒謊，反正隱瞞不必要的個人狀況不會影響病情判斷（希望如此），你甚至希望自己不需要做檢查，事實上你明明需要。

看完醫生之後，你回家收拾行李準備去美國出差。你今天已經被手機的應用程式追蹤一整天了。如果你想要預先得知出差地點的新聞和天氣而分享位置，等於讓幾十間公司從你身上存取位置訊息。有時候應用程式更新接受位置資訊的次數，在一天內可以超過一萬四千次，畢竟地理位置導向的廣告產業價值預估高達二百一十億。[54]

「分享位置」的陷阱

電訊公司也是追蹤位置的幕後黑手之一。手機會一直和距離最近的無線電發射站連線，因此電訊商總是能掌握你的位置。但是被他們賣掉的不只是位置資訊，外國記者就曾經揭發某些不法電訊商會把用戶個人資料賣給黑市。[55]只要你持有手機，就有可能被跟蹤狂、罪犯、未經許可的低階政府僱員、動機可疑且沒有權限的第三方組織查看你的動向。在美國，只要花費大約12.95美元就能取得任何一支手機的即時更新位置資訊。[56]美國電訊商T-Mobile、Sprint、AT&T已被證實涉及以上所提到的位置資訊地下交易，其他國家的電訊商也有可能進行同樣的勾當。

車商、個人資料仲介、電訊公司、商家、科技巨頭都想要知道消費者的位置資訊。或許你認為就算自己的個人資料被收集，但內容多半都會匿名所以略感安心，事實上要從匿名個人資料反推回真實身份相當容易。一九九六史威尼替大家上了一課：當時麻州團體保險局（Massachusetts Group Insurance Commission）發布了州立員工就醫頻率報告，資料內容是匿名的，州長維爾德（William Weld）安撫大眾，表示患者私隱受到保障，結果卻被史威尼打臉。她從資料集中找出州長就醫記錄，然後寄到州長辦公室。史威尼後來發現光憑三項資料（生日、性別、郵遞區號）就足以辨識出高達87%的美國人真實身份。[57]

除了上述三項資料以外，地點也能透露出你的身份。每個人都有自己專屬的足跡。就算不知道你是誰，憑足跡就能判斷你的身份。足跡判定可以如此精準並不意外，畢竟工作場所和住處都重疊的可能性並不高。倫敦帝國學院的電腦私隱小組（Computational Privacy Group）組長凡喬瓦（Yves-Alexandre de Montjoye）曾經研究一百五十萬人十五個月以來的位置資料。他和研究夥伴發現，只要資料集每小時記錄足跡（空間解析度等同手機與發射站連線的頻率），就能產生四類時空數據檢查點（spatiotemporal data points），用來反推真實身份成功率高達95%。[58]同樣的檢測方法可以套用在信用卡記錄上。研究者觀察一百萬人三個月以來的信用卡記錄，只需要四個時空檢查點就能反推真實身份，成功機率高達90%。[59]（譯注：在疫情期間台灣衛福部以及各地方政府公布確診個案足跡，網民也是看看就能反推誰是確診者然後獵巫，後來因確診人數實在太多就不再公布了。）

搭配公開資料，就能破解匿名資料庫的真實身份。二零零六年，Netflix為設計出更佳推薦演算法，請五十萬名觀眾為一千萬部電影評分並公布結果，評分者是匿名的，但是德州大學奧斯丁分校的研究團隊發現，透過比對IMDb上的電影評分記錄以及含有公開訊息的時間戳記，就能反推出評分者身份。片單是很私人的，因為評分結果會顯示出評分者的政治傾向和性癖好。一位女同志就曾經控告Netflix差點讓她被迫出櫃。[60]

個人資料仲介聲稱他們可以把數據匿名化，讓大眾誤以為從此可以放心。[61]事實上個人資料仲介卻是買進個人資料，收集高度敏感的內容再轉賣給銀行、保險業者、零售商、電訊公司、媒體、政府，有時候甚至流入罪犯手中。[62]你賺了多少錢，是否懷孕或離婚，是否正打算減肥，這些事情他們都知道。他們還有其他更令人感到不快的分類名單。[63]

網絡廣告就是透過這些糟糕的分類來鎖定個別用戶。美國互動廣告協會（The Interactive Advertising Bureau）建立了廣告業界的常態，他們使用的用戶行為分類包括亂倫、家暴協助、藥物濫用、愛滋病。Google的廣告分類也包含藥物濫用、性病、陽痿、政治傾向。[64]從以上分類就能看出個人資料收集者最感興趣的就是使用者的痛處，他們像獵食者那樣依循血腥味追蹤，網絡故意針對你最脆弱的地方投放廣告，如此才能狠狠敲你一筆。

隨身裝置　隨時洩密

你打包行李要前往美國出差。到了希斯路機場，或許通過安檢門或登機都不需要看登機證，因為可以使用臉部辨識確認你的身份。[65]

抵達目的地之後，美國運輸安全管理局專員要求你交出手機和手提電腦給他們檢查。你想要拒絕，但對方警告你要是拒絕，就會被拒絕入境。你只好把最私人的資料都交出去，想想裡面的內容：跟另一半一起入鏡的裸照、孩子的照片、你的個人現金流等等。

你突然想到那些裝置中也含有老闆的機密資訊，或許你掌握的商業機密價值數百萬。二零一七年，一位在美國太空總署工作的工程師在過關時被迫解鎖手機，但手機裡卻含有工作相關的機密內容。[66]如果你是醫生，你的手提電腦裡就會存放著病患資料。或許你是一位需要替委託人保密的律師，或許你是要保護線人的記者。你嘗試跟關員說你要保護自己的資料，否則可能會被法律追究，對方不為所動。你只好妥協把手提電腦及電話交出去，東西從你眼前消失了十五分鐘，你相信裝置內的資料都被檢查過甚至下載。[67]

智能入境管理的好處和風險以及法律、倫理上的潛在問題還沒被正視就急忙應用。[68]無人機、感應器、臉部辨識等科技保證會讓邊境控管愈來愈有效，成本愈來愈低，事實上這些科技是以我們的私隱作為代價。美國總統特朗普任內雖然無法築起美墨邊境圍牆，卻透過監視系統築起數碼城牆。感應器不但裝設在兩國邊界上，也架設在邊境附近的美國社區中。[69]與此同時世界各地正在進行或測試類似措施，例如匈牙利、拉脫維亞、希臘在邊界的四個檢查哨實施自動測謊計畫「iBorderCtrl」，旅客需要回答「行李中有什麼」等問題，然後用生物標記的方式查看是否說謊。[70]

抵達飯店後你開始想要了解手機和手提電腦有多少資料被收集，便從Google和臉書上把自己的使用記錄下載回來[71]，結果讓你大吃一驚（連你以為已經刪除的資料，都還保留在Google上），你決定修改私隱權設定讓資料收集範圍最小化[72]，結果進去設定一看，雖然有些設定可以修改，但有些設定要是不同意就不能使用臉書或Google所提供的服務。[73]他們的私隱權條款沒有議論空間，而且他們可以隨時修改，不需要經過你同意。[74]使用者完全處於被動狀態。[75]

這時候，另一半打電話來中斷了你的思緒，她看到Echo喇叭被砸爛心裡很不高興。你們兩個之間出問題一陣子了，這時你希望自己能靜下心和她冷靜聊聊事情經過，但你已疲憊不堪什麼也不想說，沉默讓你的另一半壓力愈來愈大，然後她說：「抱歉，雖然希望當面談，但現在這種狀況我連一天也忍不了。離婚吧。等你回來再談。」她掛掉電話。

你震驚不已，打開手提電腦上的Spotify想聽音樂放鬆，結果跳出來的第一則廣告是離婚律師。這是巧合嗎？大概不是。「他們」怎麼知道你要離婚？所謂的「他們」又是誰？或許是另一半之前在網絡上搜尋過離婚吧，不然就是你們之前也曾為了離婚與否而吵架，對話內容被裝置記錄下來分析。或許是Spotify透過你的音樂選擇分析你的心情然後決定推送離婚廣告。就連銀行職員也會透過Spotify公開的資料判斷大眾的集體情緒。[76]你感到心煩，因為無論如何消息走漏都不對，因為你沒有把事情說出去，而那些監視者也無權打聽你最私人的關係。

科技始終在挑戰使用者的私隱底線。一開始先用攝影技術，再來就用網絡。你想到NIKE開始販售第一款智能球鞋[77]，要是以後開發出幾乎無法用肉眼看見的「智能微塵感應器」，不需要電池就能運作[78]，那麼任誰都無法保障私隱了。

未來世界要面對的私隱問題會比現在多很多，就算人死後也會繼續在網絡世界中生存，留下的數碼資料持續餵養著無良商家。或許你的資料還會繼續影響後代，也會影響你死後的名聲。

在為時已晚之前，還有什麼辦法能抹去自己的數碼足跡？如果你因為私隱逐漸流失而麻木，請繼續讀下去。接下來所描繪的現實風景並不美麗，但是你有必要見識個人資料經濟的不堪內幕，才能明白該如何走出困境。

第2章　數碼監控時代降臨

將現今的私隱權生態與九十年代相比，得到的結果讓人沮喪。二十世紀末期的車就是代步工具，它沒興趣了解你的音樂品味，更不會記錄你的體重變化以及行車路線。車子會把你好好帶到目的地，而不會利用你。對某些活在數碼監控時代的人而言，生活不甚自由。事情怎麼會變成這樣？之前我們是怎樣放任監控社會形成的呢？我們的私隱權之所以遭到入侵，至少有三個重大因素：一、數碼生活所產生的個人資料足跡被發現極具獲利性，二、二零零一年的九一一恐怖襲擊事件，三、人們誤以為私隱權已經過時不再重要。

由Google開始的數據商機

一般人的日常生活，怎麼會被轉換成數據？一切都要歸因於人與電腦的互動。只要使用數碼科技，你的操作過程、操作時間、操作地點就會產生數據足跡。數碼時代剛開始的時候，數據尚未被開發出商業用途，數據要不是完全被冷落，就是被當作改善使用者體驗的依據，沒有其他用途。將「資料廢氣」（data exhaus）轉換為數據金沙的重要角色就是Google。[1]

一九九五年，佩吉（Larry Page）和布林（Sergey Brin）因就讀史丹福大學而認識，隔年他們推出Google的核心「PageRank網頁排名演算法」[2]，它可以計算網站頁面中連結的數量和品質，評估該網站具有多少可信度，藉此提供搜尋結果。演算法假設一個網站要是愈常被可信度高的網站連結，那麼這個網站的重要性也會提高（所以具有參考價值）。其他搜尋引擎不會評估網站重要性，只會抓關鍵字，導致不相關的結果也出現在頁面上。相較之下，網頁排名演算法不會讓搜尋結果出現某某的部落格，而是較常接觸到媒體網站。

網頁排名演算法的原型來自學術期刊的引用概念，論文發表需要參考、引用他人文獻，如果一篇論文愈常被引用，就代表它愈具重要性。網頁排名演算法模仿這套邏輯，試圖將茫茫網海的資料理出一個頭緒，才能讓搜尋結果的訊息量更高、更有價值。這套演算法剛推出的時候就非常高明，而且隨著網絡生態發展，演化得愈來愈快，取得大幅度擴展。[3]

不幸的是，佩吉和布林打算將前衛的搜尋引擎轉變成會賺錢的公司企業。在一九九九年初，兩人想把Google賣給另一家搜尋引擎Excite，據說也曾經想賣給AltaVista和Yahoo[4]，結果並沒有賣成。到了二零零零年，Google已經成立兩年而且愈來愈多人使用，但還沒發展出穩健的商業模式，照這樣看來也只會是賺不了錢的網絡公司罷了。投資者逐漸失去耐性，其中一位還自嘲說，投入六位數的資金，只得到「全世界最貴的T恤」而已。[5]如果Google再不盡快在短時間內賺錢，就有可能被退股撤資，財政岌岌可危。

結果風向迅速轉變。到了二零零一年，Google的營收從前一年的一千九百萬美元躍升為八千六百萬美元。再隔一年，營收增加為四億四千萬美元，二零零三年則是十五億美元，二零零四年是三十二億美元，總計在四年中營收提升了3590%[6]，Google是怎麼辦到的？他們沒有搶銀行，或是從腳下挖出石油。他們用網絡使用者的個人資料來投放廣告，就此揭開「監控資本主義」的時代序幕，這個貼切的詞彙來自社會心理學家兼《監控資本主義時代》（*The Age of Surveillance Capitalism*）的作者祖博夫（Shoshana Zuboff）。

從不歡迎廣告　到廣告商主導

在Google躍升為廣告龍頭之前，內部員工並不歡迎廣告，至少他們對外是如此聲稱。布林和佩吉曾在一九九八年一篇報告中表示擔心公司收入仰賴廣告的後果，「可以想見收受廣告贊助後，搜尋引擎的結果必然會帶有偏見導向廣告商，接著偏離客戶的使用需求。」報告顯示二人想讓Google繼續作為學術工具，「我們相信廣告會讓動機複雜化，所以非常有必要在學術領域做出透明而且有競爭性的搜尋引擎。」[7]可惜後來的發展完全走偏，網頁排名演算法從前很可靠，因為當時Google還沒有透過廣告營利，不會調整用戶看到的搜尋結果。從報告中看來，布林和佩吉不太可能把網絡變成廣告市場。

維奇（Eric Veach）才是主導廣告系統、讓Google變成現在這樣的要角。他曾經說過「我痛恨廣告」，口吻和前述的布林以及佩吉一致[8]，Google似乎想提升當時網絡廣告的品質，這點值得讚許。他們的廣告系統「AdWords」背後概念是廣告應該要讓Google、廣告商、使用者三方都感到滿意：Google賺到錢，廣告商得到曝光和銷量，大眾可在使用高品質搜尋引擎的同時接觸到感興趣的產品，聽起來還不壞嘛。

AdWords有一項特色，那就是廣告最佳投放位置並非由廣告商決定，反而是點擊率最高的廣告擁有優先選擇權，這樣才能確保廣告內容確實符合消費者利益，但是這種機制很容易作弊，投放者可以自己請人狂點廣告爭取能見度，所以Google決定開放廣告價格競投，讓點擊率決定廣告商該付多少錢：業者透過競投決定廣告每次被點擊後該付多少費用，而且中標者只要比次高者多付一分錢就好（不是標多少付多少）。這套機制除了令中標者不會當冤大頭付出比次高者多很多的價格，也讓情勢徹底扭轉。Google透過點擊率向廣告商收費，這樣一來就變成只有真正達到效果的廣告才需要收費，而且效益好的廣告甚至會被Google降低收費，促進業者推出更多優秀廣告。

Google的廣告機制和其他業者比起來還有很多優點，例如干擾性比較低，而且清楚標示為「廣告」或「贊助」，也不會混入號稱「自然隨機」的搜尋結果中，又能促進好廣告的誕生。但是這套系統也有令人不快的地方，其中一個就是廣告商只能相信Google的演算法而不能完全釐清Google廣告排序的原理[9]；更大缺點是廣告徹底翻轉了Google的商業模式。Google的客戶再也不是搜尋引擎使用者，反而變成了廣告商，我們一般使用者變成Google提供的「產品」。至此Google的動機大轉彎，對顧客的忠誠度也徹底轉移到別的地方。

現在的Google基本上就是一間廣告公司，二零一九年只靠廣告就賺了一千三百五十億美元，而它的母公司Alphabet同年總收益則是一千六百二十億美元，也就是說Google的廣告收益佔了總所得八成以上[10]，而廣告部門中最賺錢的依然是AdWords。[11]

Google在廣告方面大有斬獲，可想而知受影響最深遠的就是用戶私隱。我們的個人資料之前只用來幫助Google改善搜尋引擎的使用體驗，現在轉過來對我們投放度身訂造的廣告。Google透過我們搜尋的內容精準描繪出使用者的心理狀態，範圍可小至個人，大至社會整體。

「我同意」背後的隱患

現代人想到什麼就搜什麼。二零零一年二月二十八日早上十點五十四分，西雅圖發生地震，導致「地震」相關字眼搜尋次數激增，地震發生才兩分鐘Google公司就得知了事件。[12]透過同樣的方式，Google知道什麼電視節目最受歡迎，甚至掌握了更多使用者的秘密，例如你是否考慮墮胎、你如何看待吸毒、你健康是否出現問題、是否無法償還貸款。Google的即時查詢（Live Query）含有即時搜尋內容，《紐約時報》記者看過即時查詢之後感嘆，就像「看著全世界的集體意識在眼前流過」。[13]

所有的搜尋內容都可以拿來投放廣告，相關概念在二零零三年已臻成熟，Google的研究者為此申請專利「產生用戶訊息以利定向廣告使用」(Generating User Information for Use in Targeted Advertising)。[14]從專利申請就能掌握一間公司未來的發展方向,專利內容不僅提到可透過用戶留下的Google搜尋記錄作為廣告用途,也提到如何推測用戶不願意提供的資訊。不過專利透露出的最重要訊息,還是Google從被動收集用戶使用網站所留下來的數碼足跡改善服務,轉變成為了投放定向廣告,主動「獵捕、創造」。

總之,Google從使用者數據之海網羅用戶的興趣、慾望、恐懼,但要是使用者點擊結果網頁離開Google頁面,後續動作就不得而知了。於是科技巨頭設計出AdSense來補足AdWords。AdSense把網站當作空白畫布,需要盡可能用廣告填滿——AdSense簡直隨處可見。這個系統讓人可以在Google以外的網站(例如網店、網媒)投放廣告。有了這兩大利器,Google展開了監控經濟的序幕。

在Google利用個人資料之前,曾出現零星公司利用個人資料交易的狀況,雖然有些是作為廣告用途,但規模並不龐大,既不是為了分類及分析,也不是為了個人化廣告。多數網站的獲利管道也不來自個人資料買賣。所以可以說是Google把個人資料變成可以繼續開採的金礦,使得監控經濟成為史上收益最高的商業模式。Google所做的就是收集現成的個人資料,其他企業眼見商機開始迎頭趕上,發展出各式各樣的類似工具,過程中不斷加大對個人資料的掌控。Google把使用者拿來當作自家的「產品」,其他公司也開始如法炮製。

二零零七年，Google為了維持在掌握資料方面的優勢而買下DoubleClick，透過cookie（可以辨識網站訪客的技術）取得訪客個人資料（包含瀏覽記錄），你連廣告都不用按，個人資料就被收集了。DoubleClick還投放廣告橫幅，更加違反Google一開始不打算投放令人分心廣告的初衷。多虧DoubleClick，現在只要一上網就會被Google追蹤，就算你沒點擊廣告也難逃魔掌。[15] 從此之後Google不斷創造產品力求收集更多資料。Chrome瀏覽器、Maps地圖、Pixel手機、Nest喇叭等都是為了全方位獲得更多的資料。

當多數人發現從前眼中的科技先鋒原來在悄悄地收集我們的資料時已經遲了。科技公司已經透過收集、分析、交易個人資料獲利，卻未必有徵求政府或是使用者同意。他們抱持著「先做再說」的態度放手行動，結果什麼麻煩也沒惹上。使用者被新奇又「免費」的科技服務沖昏頭，同意了使用條款，自以為這樣做很聰明，卻不知道哪些權益被犧牲了。

你開設第一個電郵地址或成為某些網站會員的時候，大概沒想過是以自己的個人資料為代價吧。一旦我們把個人資料交到科技公司手上，從此幾乎難以脫身。

到了近年疫情封城期間，這種狀況更為明顯：我們使用某些科技產品時並非完全心甘情願，大家必須使用ZOOM或Google Meet等應用程式，才能居家辦公、遙距上課、聯繫家人。如果我們的生活離不開網絡平台，一定要使用平台服務才能融入社會，那麼個人資料就會一直被收集下去。

另外要說明的是，監控資本主義大行其道之後你才得知這一切黑幕，其實並非偶然。Google對於它的個人資料收集以及商業模式三緘其口[16]，當時的CEO史密特（Eric Schmidt）說那是他們「隱藏的一手」。[17]保密才能盡可能延長他們的商業優勢，不讓使用者知道個人資料遭挪用。已離職的Google主管愛德華（Douglas Edwards）曾寫下這段文字：「要是有提案會讓我們的機密曝光，或讓人聯想起私隱權而限縮我們收集個人資料權限的途徑，一概遭到佩吉否決。大家不知道Google收集了多少個人資料，而且也不是拿來做壞事，為什麼要刻意提起讓人感到不安且困惑呢？」[18]之後你就會明白，就算當下個人資料沒被放在負面用途上，還是有被誤用的可能。此外，所謂的正負面不能僅從表面判斷，尤其是從系統效益來談的時候。多年以後看來，數據經濟侵害了平等、民主體制，所以私隱權不但是一種權力，能夠主張自己擁有私隱也是一種權力。就算一時之間還看不出喪失私隱會造成什麼負面影響，也應尊重私隱。

科技公司隻字不提其獲利模式，是因為他們未經用戶許可就收集其私人資料替自己謀利。[19]這一切沒人阻止，因為在早期幾乎沒有人發現（即使察覺也無力拒絕）。要是人們及早知道，後來的發展可能很不一樣。監控經濟並非無可避免。布林和佩吉或許會往學術圈發展，把Google搜尋引擎變成像維基百科那樣非商業用途的學術工具，這兩位或許也能發展出其他的商業模式。要是有人預先知情，管理單位就可以規範個人資料收集的範圍。其實數據經濟差一點就能被抑制，卻被一大事件扭轉情勢。

第3章　九一一引發的另類災難

九十年代末期，管制單位開始擔心cookie的作用，所以聯邦貿易委員會（FTC）在一九九六年及一九九七年在美國展開工作坊，討論如何讓一般民眾取得個人資料管控權。FTC初步鼓勵公司自制，結果被置之不理。一九九九年，DoubleClick和個人資料仲介Abacus合併，打算透過cookie辨識網站訪客身份，引發私隱權倡議團體請願，要求FTC進一步調查，於是DoubleClick被迫出售Abacus。[1]

顯然鼓勵企業自制並不足以保護使用者私隱，於是FTC更進一步在二零零零年向美國國會提出報告請求立法。報告建議如下：網站應告知用戶站方如何處理個人資料；用戶有權選擇個人資料利用範圍；用戶可取得他們儲存在網站上的資料；站方有責任維護被收集的個人資料安全。「本委員會認為，網絡業界在網上資訊執行層面實施欠妥，且消費者對網絡私隱的關切日益增加，眼下正是最適合立法的時刻。」[2]如果那時美國政府採取行動，立法阻止網絡收集個人資料，現在的世界就會截然不同。Google或許永遠不會成為廣告巨頭，現在司空見慣的監控行為或許永遠不成氣候。

可惜的是，歷史發展在這裡出現了重大轉折。二零零一年九月，也就是FTC發表報告之後一年多，四架客機在飛往美國途中遭到恐怖分子劫持，其中兩架撞入紐約的雙子塔，另一架撞上五角大廈，第四架客機原可能撞上白宮，結果機上乘客與劫機者搏鬥，最終墜毀在賓州鄉間。這次災難奪走超過三千人的性命，也讓反恐戰爭開打，使得非常規法律（extraordinary laws）得以通過，也讓美國以及全世界蒙上恐怖主義陰影，至今尚未退去。在這場悲劇中，恐怖襲擊重創自由民主體制，不過其中的某些傷害卻是由民選代表造成的。

九一一事件發生之後，當時的總統喬治·布殊一句「悲劇絕不重演」的口號在多年以後依然迴盪在美國社會中。沒能防範恐怖襲擊使人感到追悔莫及，就算不擇手段也要防範悲劇重演的決心應運而生。美國政府的施政重點在一夜之間轉移：國防安全至上。私隱權規範被擱置[3]，並不只是因為政府忙於維護國安而無法處理私隱權議題，而是情報單位想藉這個機會取得已經被網絡企業掌握的個人資料，藉此擴張管理與監控範圍。[4]一旦政府開始對民眾個人資料產生興趣，就沒理由立法規範私隱權了。政府想要的正好與FTC相反：企業收集愈多個人資料，政府的監視法網就會更加緊密，也能預防更多恐怖襲擊。理論上來說是這樣。

美國國會通過了《愛國者法案》（Patriot Act），推動恐怖分子監控計畫（Terrorist Screening Program），創立許多名目開展未經授權的監控，從立法、開庭，到警方行動都可能是不能公開的秘密。在九一一發生十年之後，一般公民還是無從得知上述的計畫詳情，也不清楚公民的自由如何遭到干涉，畢竟相關規範都未曾公開。[5]其實多數人之所以會知道美國展開大規模監控，都是因為美國國家安全局（NSA）的約聘員工斯諾登（Edward Snowden）在二零一三年吹哨揭發。[6]

九一一衍生的稜鏡計畫

至此大眾才知道美國在九一一事件之後，監控範圍擴張到令人震驚的地步，其相關細節可能需要用一本書才能寫完，本書在此稍稍帶過：美國國安局透過稜鏡計畫（PRISM）向企業收集個人資料，這些企業包Microsoft、Yahoo、Google、Facebook、YouTube、Skype、Apple，而收集的資料包括電郵、照片、影片、語音對話、網頁瀏覽記錄，各式各樣儲存在企業雲端的資料。國安局嫌這樣不夠，甚至展開上游資料搜集（upstream collection of data），直接從路由器、光纖電纜等私人網絡設備擷取資料。[7]

國安局將整理收集來的資料建立了搜尋引擎「XKEYSCORE」，當分析師輸入任何人的地址、電話號碼、IP位置，就能查看目標用戶最近的網上活動。你只要上網，一舉一動就有可能被分析師看光，他們甚至能看到你逐個字逐個字輸入訊息。[8]美國掌握了不少國家網絡活動所使用的基礎設備或科技，也就是說他們的掌控範圍可能不只國內。[9]如果你剛好被盯上，私隱可能會被入侵得更離譜。[10]以上的監控手段稱為「大量收集情報」，其實更直接的說法就是「大規模監控」（mass surveillance）。[11]

最可悲的是，即便採取了大規模監控，也沒能防範恐怖主義。收集更多個人資料等於更能預防恐怖襲擊，這種推論看似很合理，實際上卻似乎行不通。比方說總統的情報與通訊技術審閱小組（The President's Review Group on Intelligence and Communications Technologies）就無法說出大規模收集通話記錄曾在何時阻止了襲擊事件發生。[12]

二零零四年，聯邦調查局分析了STELLARWIND收集來的資料，其中包括未經授權收集的通訊記錄與電郵往來，他們想從中看出有多少記錄能「有效」協助辨識恐怖分子、驅逐嫌疑犯出境，或是與恐怖分子線人搭上關係。從二零零一到二零零四年間，只有1.2%的資料被證實有用。聯邦調查局又查看二零零四到二零零六年間的資料，結果一無所獲[13]，而且從國安局送來的資料數量過於龐大，一一查看相當費時。[14]國安局抱怨，把資料送去聯邦調查局竟無法看出端倪，而聯邦調查局官員則轉述現場探員的意見作為答覆：「國安局送來的都是垃圾。」[15]

恐怖襲擊發生的頻率很低，所以要在資料中尋找線索就像大海撈針。大規模資料收集會獲得更多不相關的資料，出現更多雜訊妨礙偵查。[16]就算此舉真的能夠防範恐怖襲擊，也不能忘記這樣的措施伴隨著個人資料被濫用的風險以及侵犯公民自由的危害，因為失去私隱也能致命。往下看就知道了。

美國的大規模監控進行到現在大約二十年，看來未必能預防恐怖主義蔓延，反而大肆剝奪所有網絡使用者的私隱權。監控行動常被用於經濟層面和國際諜報行動，監視對象包括盟國以及救援組織[17]，其中最主要的效益，只是讓當權者更有權，讓科技公司變成科技巨頭，剝奪普羅大眾的權力。

這個令人難過的歷史發展帶來幾項讓人深思的問題，第一、公私機構合作催生出的監控式社會。政府放任收集個人資料的企業壯大，才能從業者直接獲取資料；而數據經濟發展猖狂，因為業者也是政府權力結構的一環，企業為了換取利益或根據法律規定協助政府推行措施。例如有報道指出在美國國安局要求下，AT&T在至少十七個旗下的美國網絡集線器（hub）裝設監控設備，還提供技術協助以利竊聽聯合國總部所有網絡通訊內容（聯合國採購AT&T設備）。[18]

公私部門如何聯手操作監控資本主義，或許看看「Palantir」企業最清楚。Palantir得到美國中情局贊助，在二零零四年由泰爾（Peter Thiel）*創立[19]，動機在於協助情報單位辦事。「Palantir」一詞來自J.R.R.托爾金的小說《魔戒》中的「真知晶球」，而這間低調行事的大數據分析企業正如其名，擅長從資料堆中找到線索。

---

* 彼得・泰爾是身價億萬的企業家兼創投家，也是著名的反自由派，曾經寫過「並不認為自由和民主能夠相容」。他認為自由是「最高利益的前提」，言下之意似乎是他已經不擁護民主體制了。

公共危機 vs. 私隱的重要

話說回XKEYSCORE，據說它在進行搜尋時容易資料超載，如果想尋找在特定時刻撥出Skype電話的每一個發話IP，會有數不清的搜尋結果，類似在自己的電郵帳戶搜尋關鍵字，結果世界上每一封電郵都回傳結果。而Palantir則協助XKEYSCORE變得更聰明。[20]

不少國家的政府單位並沒有相關專業足以發展出監控、入侵網絡的工具，於是跟網絡武器製造商（cyberweapons manufacturers）購買。[21]他們利用科技巨頭來協助管治工作，例如上述的Palantir、Amazon、Microsoft據聞都提供資訊予特朗普政府以利監視、拘留、驅逐移民。[22]特朗普的政策拆散眾多移民家庭，格外具有爭議性。[23]難怪Amazon的新總部地點如此靠近五角大廈。既然收集個人資料的過程是如此錯綜複雜，要區別自己被私人企業或是官方機構監視其實沒什麼意思，兩者必須一起討論。

二零一八年美國最高法院的首席大法官羅伯特（John Roberts）提出主要意見書，反對政府未經許可就從無線電發射站取得使用者位置。羅伯特稱「政府追蹤手機位置將近監控人民，手機使用者像是戴上了電子腳鐐。」在九一一發生將近二十年之後，這項判決總算替美國公民挽回些許私隱權。但在監控經濟體系中要取得個人資料還有許多其他途徑，例如特朗普雖然不要求電訊業者提供用戶位置資訊，卻購得權限進入商業資料庫，這個人資料庫將數以百萬計的手機用戶移動狀態繪製成地圖。既然資料是由個人資料仲介提供，所以不需透過政府許可就能進入。換句話說，將監控工作外判給私人企業，政府就能繞過最高法院取得個人資料。[24]

在很多地方，如果只防範私人企業的監控，個人資料還是會被政府收集接著轉交給企業，總之公私兩邊的資料是互通的。例如英國的國民保健署曾將數以百萬計的病患資料賣給製藥公司。[25]在疫情期間，科技巨頭迅速和世界各國政府展開對話，透過智能手機的應用程式應對疫情變化。新冠肺炎疫情帶美國人複習九一一事件帶來的第二個教訓：公共危機總會影響公民自由的發展。

危機發生時決策往往過於匆促，不會花長時間審議，也不會全盤考量利害。雖然沒有數據能夠顯示私隱可以換來的好處，但在非常時期誰都不想被指控妨礙公共安全和救人。非常態政策被掌握在恐慌的手勢中，往往在危機結束很久以後也不會恢復原狀。

面對九一一事件，「悲劇絕不重演」這句口號簡單有力但難以實行，也誤導政策走向長達十年以上。[26]沒有政府能保障國民絕對安全，人活著都得面對風險，所謂的好好生活，就是在控制風險的同時，也絕不犧牲任何改善生活的可能。如果只是一味避險，反而會在未來遇到更大的威脅。

但是在關鍵的時刻時，私隱權的重要性經常遭人遺忘。當你害怕失去健康、性命，誰還在意個人資料？恐怖主義、疫情所造成的影響十分具體，然而失去私隱的後果則是完全相反。恐怖襲擊過後，我們在哀悼死者的同時心生警惕。至於二零二零年開始的新冠肺炎疫情則是會讓人在感染一兩周後住進醫院，甚至因併發症死亡。雖然疫情引發的後果不像恐怖襲擊來得迅速，但全球的死亡人數亦讓民眾蒙上恐懼的陰影。相較之下，雖然失去私隱也同樣有害，但需要更長的時間才會浮上檯面。

個人資料被收集不會讓我們少一塊肉，不會讓我們流血，不會感染我們的肺導致呼吸困難，卻會侵害我們的生活、社會。失去私隱的後果需要一段時間才能看到，因為個人資料是慢慢發作的毒藥。請謹記私隱的重要性，記得愈牢愈能周全保護我們的個人生活，即便危機來臨也不至於遭殃。

私隱已成過時產物？

二零一零年，臉書創辦人朱克伯格提出一個說法：重視私隱並非「社會常態」，大家已經用「演化」淘汰了私隱。他還說「大家都很自在地分享更多不同的訊息，而且分享的對象也變多，態度更公開。」[27]說歸說，他可是把自家附近的四棟房子都買下來，進一步保障自己的個人私隱，可見他的論點並不真誠。[28]讀者不要忘記，臉書的現金流完全來自使用用戶的個人資料。在朱克伯格宣稱私隱已死的一個月前，臉書作了一個惹人非議的改變：平台上的用戶預設被改為分享更多公開訊息。[29]科技巨頭為了賺取更多，讓所有人相信私隱是過時的產物，保障私隱是落伍的行為，但事實上並非如此。

所謂的過時產物代表專屬於特定時代，且往往遭人遺忘。我們沿用的法律、習以為常的社會常態、繼承而來的物品，經常來自截然不同的時空背景，放在現代就顯得不合時宜。有些落伍規條或產品會讓人覺得很搞笑。例如我從前在牛津大學的基督堂學院（Christ Church）唸書，那裡規定只有搬運工才能養狗。九十年代以來為了給養狗的院長方便，他們的寵物犬都被官方認定為貓。[30]同樣奇怪的規定還有英國國會議員不得在國會中穿戴盔甲。[31]不過並非所有落伍之物都引人發噱，有些規定會帶來實質的傷害。

國家的法例成千上萬，無法一一檢視，不是每條不再適用的法律都能被撤銷。過時法例的危險之處在於被利用的方式可能很有爭議。例如紐約有一條於一八四五年設立的模糊規定，禁止民眾戴口罩。這條法規被援用以逮捕二零一一年佔領華爾街運動的抗議者，反觀萬聖節或是疫情期間，戴口罩的人就沒有被逮捕，難以一概而論。

從這觀點看來，我們急需檢視過時的現象，否則將會造成社會不公，妨礙國家進步，所以朱克伯格以「私隱權已經落伍」為由鼓勵大家分享更多。不過他在發言過後為了安撫使用者，並和其他更在乎私隱權的對手競爭，在二零一九年改稱「私隱權就是未來」。[32]再過了一個月，臉書的律師卻在法庭上表示使用者對私隱沒興趣。他說光是使用臉書就代表使用者「對於私隱保障不抱任何合理期望。」[33]如果朱克伯格表示私隱權就是未來，而律師也篤定用戶用了臉書就別奢望保有私隱，那麼我們可以合理推論：在未來人人都會保有私隱而且不用臉書。

雖然朱克伯格的私隱言論自打嘴巴，但要是社會上有任何發展進程不順利，私隱權往往成為代罪羔羊。例如從二零零一年美國開始不時有人宣稱保護私隱只會妨礙政府保護人民安全。在醫藥發展方面，醫生和科技公司對於病患個人資料求知若渴，他們認為若過分維護私隱會妨礙個人化醫療進步和大數據分析。

在新冠肺炎疫情期間萌生出許多私隱相關的討論，例如降低私隱權規範可防範疫情蔓延。世界各國政府使用追蹤接觸的應用程式，匡列可能的感染對象。專家學者紛紛研究國內法律在疫情期間可以將個人資料保護權限開放到什麼程度。智庫「布萊爾全球變化研究所」（Tony Blair Institute for Global Change）主張，科技監視應用比例暴增，是與疫情作戰時「值得付出的代價」，儘管這「不能保證疫期實施的新措施是否完全有效」。[34]

把過時的現象當作常態固然危險，但是把當前的危機錯當已經過去，也同樣具有破壞性。私隱權擁有漫長的歷史，在所有被研究過的社會中都有證據顯示，幾乎每個社會都存在著特定的私隱規範。[35]誰說私隱已死，就叫他們交出電子郵箱的密碼，不然就是趁他們上廁所時越過隔板偷窺他們再打聲招呼。你會發現其實私隱權還活得很好。

私隱權挺過時間的挑戰，在不同文化背景之下相對成功運作，結果反而造成危機，因為我們太習以為常了。我們享受固有的私隱權，忘記私隱為何重要。同理也可以套用在公共衛生方面，舉例來說，要是我們成功預防或是及時控制一波流行病爆發，下一波疫情來襲時我們很有可能會低估防疫工作的重要性，畢竟當初就是沒體會到要是沒擋下來有多可怕呀。換過來說，要是沒體會過失去私隱的後果，就會忘記它的可貴。

在現實中要是私隱遭到冒犯我們通常會收到具體警號。你不想要被看到的時候卻被人盯著看心裡會不舒服。如果你的日記被家人偷看了，你會強烈意識到私隱被侵犯的不安感。網絡卻能讓我們忘記私隱，因為數碼世界是非實體的。個人資料被偷你不會產生任何感覺，偷竊者不會留下任何痕跡，你也不會察覺任何異狀。唯有後果浮現時，你才知道個人資料遭竊是什麼感受，你可能會在收到信用卡帳單時大吃一驚、申請貸款遭拒，還有可能被公開羞辱、騷擾、勒索，虛擬銀行存款被掏空，更甚者自由社會遭受侵害。

接下來幾章所提到的重點，或許我們的上一代和上上一代比我們更清楚：捍衛私隱就是捍衛自己的權力，收集個人資料等於累積傷害。

第4章　私隱即權力

試想像你有一把鑰匙（或一組密碼），擁有它就能開啟你生活中的一切。這把鑰匙讓你進入家門、臥室；它可以打開你的日記，登入電腦、手機、銀行，也能拿來駕駛車輛、讀取保健記錄。你會想要複製這把鑰匙送到陌生人手上嗎？應該不會吧。那麼你為什麼願意把個人資料直接送到向你索取的人手上？

私隱權就像一把鑰匙，能開啟你最私密、最不為人知的篇章，讓人走進你這個人的內心。私隱可以包括你的裸體照片、性生活細節、可能會罹患的疾病、過去與現在。你的恐懼、失落、過錯；你做過最糟糕的事；你的想法、創傷；你的缺點；你犯過的錯；你最羞恥的時刻，你喝到最不省人事的夜晚。

如果你把私隱這把鑰匙交給愛你的人，你們的關係會變得親密，對方知道了你的秘密之後只會更懂得照顧你；但縮短彼此的距離就代表更容易受傷，因為把私隱交給別人等於將弱點暴露在對方面前，你相信他們決不會利用這些來打擊你。愛你的人知道你的生日，可能會幫你籌劃驚喜派對；他們知道你的品味，會幫你挑選適合的禮物；他們知道你最害怕的事情，會幫助你遠離恐懼。

可是並非所有得知你秘密的人都會站在你這邊。詐騙集團得知你生日，可能會利用你的個人資料進行犯罪；企業得知你的品味好惡，把你不需要的東西推銷給你；不在乎你權益會否受損的人，會濫用你的個人資料替他們謀利，而且其實大多數跟你互動的企業都是這樣。私隱之所以重要，是因為失去了私隱，掌握私隱的人都能輕易控制你。

或許你認為自己坦蕩蕩不用隱瞞或害怕什麼，你錯了。想想身份被盜用，或無端失業、遇到歧視、網絡公審、極權主義等事情，除非你是喜歡自我揭露、什麼也不在乎的人。事實上，人有太多事情需要保持秘密，而且既然你沒把自己的密碼公布出來以利周知，也沒有多打幾把鑰匙送給陌生人，想必還是有所保留，對吧？

或許你認為自己只是個小人物，沒有特別或重要之處，所以私隱安全無虞。不過可別小看了一個人的重要性，如果你真的不重要，企業和官方打從一開始哪會特別需要知道你的事情呢？

你掌握了管理自我注意力、調整心思的權力，這個權力是所有企業爭相搶奪的目標。每一間科技公司都想要你去使用他們的應用程式、平台、廣告，他們想摸清你的底細，設計出最吸引你的東西。他們不管你犧牲睡眠時間以及跟另一半相處的珍貴時光，以求花在他們的社交平台、手機遊戲、串流服務之上。[2]企業商家希望你把可能不多的收入耗在它們身上；想勒索你的黑客急於窺探你的秘密和私密影像[3]；保險公司也想賺你的錢，但首先他們得透過個人資料了解你的健康狀況才不至於虧錢。[4]或許你是某家公司的員工，而僱主總是想知道他們僱用了什麼樣的人，是否屬於上進心強或為了自身權利奮力一搏的類型。[5]

至於你的身體健康，則是公私部門都想更加了解的目標。他們想拿取更多的身體數據做醫學研究。你的人際關係也可能被利用[6]，你有父母、朋友、同事，你是某人的設計師、某人的律師，透過你就能接觸到其他人，所以應用程式才會要求存取你的聯絡人。你的言論也很重要，所有公關公司都想透過有名氣的社群發文或動態做口碑。你有投票權，國內外的勢力都希望影響你投給對他們有利的候選人。你看，難道你不重要嗎？你就是權力的來源。

現在大部分企業已發現個人資料很值錢，但個人資料之所以具有價值不只是因為能變現。臉書並未真的把你的個人資料賣掉[7]，Google也沒有[8]，他們交易的是「影響你的權力」。他們保存你的個人資料，才知道推送什麼廣告、如何預測你的行為，這過程中形成影響力，他們將影響你的權力拿來交易。表面上它們是個人資料企業，其實更像是權力企業。個人資料為資料收集和分析者帶來現金流，也傾注權力給他們，所以個人資料才會成為眾人垂涎的目標。

軟權力與硬權力

只有權力比金錢更有價值，權力讓人想要什麼就有什麼。如果你掌權，能得到的就不只是錢，而是可以為所欲為的自由度。如果你權力夠大，甚至有可能凌駕於法律之上。

權力分為軟硬兩種，軟權力如同哲學家福斯特（Rainer Forst）所說，「A有能力刺激B做出原本不會產生的思考或行為。」[9]具有權勢的人士或機構可以影響你的行為、思考，不過他們施展影響力的方式各有不同，例如可以透過推薦、激動人心的演講說詞，或是編造關於意識形態的說法，不然就是把威脅說得言之鑿鑿，或採取誘騙手法拐人上當。以上煽動人心的方式在數碼時代就變成了演算法推送的內容、應用程式、廣告、假新聞、假群組、假帳戶，或是反覆疲勞轟炸用戶的同一套說法，慢慢地人們就會誤以為科技能解決人類的每一個問題，其他類似手法還有很多。這是軟權力。

福斯特主張，直接動粗並不是權力的展現，因為屈服於暴力的人其實不是主動行動，而是被迫行動。我反對福斯特的說法，動粗是直接明白的權力展現。利用暴力使人就範卻說暴力使用者沒有掌握權力，這是反直覺的說法。想想看動手勒你脖子的流氓，或是攻陷某地區的軍隊吧。社會學鼻祖之一的韋伯（Max Weber）說第二種權力是「人或機構（行使行為時）雖然遇到抵抗卻能貫徹意志。」[10]這就是硬權力。

簡單來說，有權有勢者用軟權力讓人做出本來不會有的行為和思考，如果我們不受他們支配，他們可以實際動用硬權力逼迫我們就範。

權力有很多種，例如經濟、政治、軍事方面的權力。我們可以把這些不同形式的權力想像成能夠互相轉換的能量。[11]例如具有財勢影響力的公司能用金錢收買政治力量，政治強人可以透過影響力「照顧」私人企業並藉此謀利。

大家都知道科技巨頭都是有權有勢，所以探索私隱權和權力之間的關係，可以讓我們更加了解數碼時代的大企業如何收集、運用、轉換他們的權力。這過程提供我們工具和想法，更能成功抵制奠基於侵犯私隱的全面控制。數碼時代的各種機構如何一步步掌權並且施加影響力？首先來看看權力與知識之間的關係吧。

知道自己不知道什麼是第一步

權力與知識的關係很密切。別的不說，知識打從最根本就是權力的一種工具。英國的政治人物兼哲學家培根（Francis Bacon）很清楚知識是一種權力的形式，晚他三世紀的法國觀念史學家傅柯（Michel Foucault）更進一步主張，權力催生知識，反之亦然。[12]知識帶來力量，力量帶來知識，因為有權才有資源創建知識，有權才能定義什麼是知識、什麼不是。企業收集你的個人資料，摸清你的為人，因此得到權力，這份權力反過來讓企業在運用個人資料的過程中，篩選哪些資訊跟用戶有關。如果我們學懂保護私隱，其他人就不能取得控制我們的權力。要是擁有更多權力，就更能掌握界定何謂知識的話語權。

愈了解我們的人愈能預測我們的一舉一動，進而影響我們。傅柯在解構權力方面最重要的貢獻在於他的見解：權力並不只作用在人身上，而是建構了人類。[13]權力形塑了人類的思考方式，改變感受的方式，產生不同的「在世存有」（It brings about ways of being in the world）。政治與社會理論學家路克斯（Steven Lukes）從這延伸出一個主張，那就是權力可以製造出系統讓人感受到有所欠缺，人為了彌補欠缺進而做出違反自身利益的行為。[14]

慾望可說是權力操弄的結果，而且施展權力的手段愈是不著痕跡，操弄力道愈強。權力如何塑造出你的喜好呢？例如科技公司研究多巴胺運作的原理讓你沉迷於應用程式。多巴胺是一種神經傳導物質，讓你想像慾望得到滿足後的滋味，進而促使你行動。科技公司不定時讓你在使用過程中嚐到甜頭（吃角子老虎機因為同樣的不定時機制才讓人沉迷），平台上使用鮮豔的顏色，讓你盡可能沉醉其中。你的帖文要是得到讚和回覆，就像是打了一小劑多巴胺。[15]你並不是因為受到最深的使命感或價值觀影響才想使用這種引人入坑的應用程式。你一早醒來的第一個念頭難道會是「我今天的目標就是要無意識地滑臉書滑三小時」？你想使用應用程式的慾望並非完全來自你本身，也許部分來自商業的操弄。另外一個操弄的例子，就是政治廣告投放者，他們會研究你的信念、情感、認知傾向，來決定要投放什麼廣告推你一把，讓你更可能作出他們想要的行為。

權力來自知識，知識受到權力定義，要是雙方資訊不對等，權力傾斜的狀況更加嚴重。社交平台了解你的一切，但你對社交平台一無所知，社交平台對你的控制高於你和社交平台互相了解的情況。權力的天秤什麼時候更加傾斜？那就是在社交平台掌握了你的一切，但你以為它完全不懂你，或者你不清楚它對你了解多深的時候，這是雙重的無知。

掌握個人私隱所賦予的權力，等於掌握了把權力轉換成經濟、政治或其他影響力的可能性。

數碼時代的權力

透過個人資料預測個人行為並對其產生影響，是數碼時代的典型權力形式。

現代的政府比過去任何一個時代更了解公民。就算過往的史塔西（Stasi，德意志民主共和國國家安全機構）曾經發下豪語要全面掌握公民，也僅能為大約三分之一的東德人建立檔案。[16]時至今日，情報機構對於整體人口的掌握更加全面，因為數量龐大的使用者在社交媒體上自願暴露個人訊息。電影人柏翠絲（Laura Poitras）說，「臉書是情報機構的禮物。」[17]別的不說，社交平台上的資訊足以讓政府預期抗議何時會發生，並且作出預防措施。[18]

科技公司之所以大權在握，一來是因為獨佔用戶的個人資料，二來也因為他們有能力從個人資料推測用戶的每一個行為，讓他們有機會影響這些行為，而他們又可把這個影響力賣給其他公司牟利。

科技巨頭如何無聲無息達到現在的狀態？其中一個原因是他們躲過了反壟斷管制的監控範圍。要知道企業是否寡頭壟斷，會先評估企業影響力，看業者如何對客戶收費。但是科技公司的權力來自他們收集的個人資料，而非他們的收費。如果一間企業可以提高收費卻不至於流失客戶，這就是會被反壟斷法關切的典型特徵。但是很多科技公司提供用戶「免費」服務，故前述的邏輯就行不通。其實管制辦法應該要從根本開始放寬：如果企業能傷害客戶（例如收取過高費用、剝削性使用個人資料、未能提供安全網絡環境，或出現其他惡劣的狀況）卻不會流失客群，這間企業很有可能就是寡頭壟斷，需要被嚴格監管。

透過投放廣告賺取主要收入的公司，收集個人資料以保持競爭優勢。[19]例如Google的搜尋引擎很好用，原因之一在於引擎裡的演算法擁有比其他引擎更多的個人資料推敲搜尋結果，不但讓其他競爭者難以媲美，又讓Google演算法得到更多改善的機會。

而不法之徒則讓你不知不覺交出個人資料，然後再竊取更多資料。就算你拒絕存取，依然拿他們沒轍。

科技公司手上的「成績表」

就算我們反對，個人資料還是會被存取。例如二零一八年美聯社調查發現，即便用戶已經關閉位置歷史，Google還是會存取位置資訊。關於該設定的協助頁面是這樣說：「你隨時可以關閉位置歷史，關閉後你造訪的地點將不會被儲存。」然而當你打開地圖應用程式，你當下位置的經緯度會被程式自動儲存。當你搜尋和位置無關的主題，例如「巧克力餅乾」時，你當下的位置資訊也會儲存在Google帳戶中。要完全關閉位置標誌，你必須關閉「網絡和應用程式活動」，這名稱不但模糊，而且看起來跟位置一點關係都沒有。想當然爾這個設定被預設為開啟，把來自Google應用程式和網站的資訊儲存到你的帳戶裡。[20]

科技的硬權力有時候會和軟權力產生混淆，畢竟他們的硬權力並不如坦克軍武、動用武力等其他硬權力來得直接猛烈。但如果你已經明確拒絕，卻還是有人硬要逼你接受，對方就是在施展硬權力。這種強勢的態度侵犯了用戶的權益。

科技公司從一開始就具有硬權力，他們可以不經用戶同意取用個人資料，不過他們的手法愈來愈不掩飾。例如中國多年來不斷嘗試和科技公司合作，設計社會信用制度並且不斷改良。社會信用制度採取分數制，結合大數據演算延伸到社會所有面向。所有公民的所有數據都能用來測量他們的守信程度。善良的行為讓人得到分數，不良的行為則會扣分。在（最完善）的自由民主體制中，你不會因為在某領域犯下一個小錯之後在其他層面上受到懲罰，比如說放音樂太大聲可能會被鄰居討厭，還可能會有警察上門叫你注意音量，但這並不會對你的事業或是個人金融信用評分造成負面影響（除非鄰居剛好是你上司或在你常去的銀行工作）。但要是在中國，放音樂太大聲、橫過馬路等都會扣分，影響你人生的機運得失。

社會信用高的公民有時能受到公開表揚，享有許多優惠，例如縮短排隊時間、享有購物折扣、得以預定飯店房間、申請貸款、用社會信用分數支付帳單、租車免付抵押金、提高約會網站檔案的曝光率。信用評等低的公民可能會在求職、申請貸款、置產各方面都比較困難，也可能被頂級酒店列為黑名單，甚至不能買機票或火車票旅行。

二零一八年，中國政府公開了一百六十九個「嚴重失信者」的姓名和相關不法行為，包括帶打火機通過機場安檢、在高鐵上抽煙。[21]根據社會信用評級的設置要點，這套系統誓言要「讓守信者暢行天下，讓失信者寸步難行」。[22]二零一九年六月底，官方資料顯示有二千七百萬人無法購買機票，約六百萬人限制購買高鐵車票。[23]在疫情期間，中國當局也在某些私人住宅門口設置攝影機，以確保人民遵守防疫隔離規定。[24]

西方世界時有批評中方的社會規範，但西方也有一套評分人民的標準，低分的人會受到懲罰，只是西方的社會評級更加隱晦，而我們往往並不了解信用分數是如何被計算和利用的。其實我們還被其他系統評分。雖然大多數人並未發現，但我們都背負著秘密的「消費者分數」，分數高低決定你致電企業時需要等待多久、購物能否退貨、被接待的服務品質高低，而你不能拒絕被評分，這是一種強制性手段。

一位記者希爾（Kashmir Hill）從美國的Sift消費者評分公司取得她的評分記錄。希爾的記錄多達四百頁，裡頭包含她歷年來訂購Yelp的記錄、她與Airbnb的訊息往來、她所使用的裝置細節等。雖然消費者可以向Sift索取資料，但Sift並不會解釋如何分析客戶資料，也不會解釋評分將會對她的人生造成什麼影響。[25]

沒有人可以接受私底下被偷打分數。我們身為社會公民，有權知道自己的人生受到哪些規範。即便有秘密評分系統，西方社會大致還是享有更多的自由和透明度，雖然我們的規範還是有所缺陷（必須要致力修正）。請把我們和其他人的不足當作一個警訊，用來防範硬權力壓迫我們。

科技公司展現硬權力的另一個方式，就是寫死我們日常生活中常見的設定，而且不准任何人改變。設定不再只是書面條文，反而愈來愈常被埋藏在程式碼裡面用電腦自動執行。[26]以電動車為例，你可能沒辦法冒著被開罰單的風險自在超速，因為車輛的駕駛程式就是不讓人超速。[27]

在自由的社會中，法律條文和實際執行狀況之間一定存在彈性，讓人出點小差錯也無所謂，因為在健全的社會中，多數人都樂於遵守大部分法令。[28]這些彈性容許了難以被寫進條文的例外，例如急於趕去醫院而超速的狀況。法律上的彈性讓我們在過時法例被廢止前不用遵守那些規定，但是科技執法不容許例外。如果我們於公於私都被程式編碼強制執行的細小條文所規範，這就是被科技的硬權力壓迫，我們也會因此失去自由。

而科技公司除了使用硬權力影響我們之外，也能透過軟權力高明地發揮影響力。

第5章　科技的軟權力

從某方面來看，軟權力比硬權力更容易被人接受，畢竟多數人吃軟不吃硬。但是權力不分軟硬都一樣有效，可讓當權者或商家達成目標。更可怕的是軟權力的操控手段更高明，它讓我們以為自己的行動有利於自己，事實上得到好處的卻是別人。軟權力讓我們跟自己作對。在受到引導的狀況下，我們作出損害自己利益的行為。

親手滑動熒幕的是你，浪費寶貴時間的是你，讓自己頭痛的也是你。但你之所以會對無止境的瀏覽上癮，是因為社交或遊戲平台一直對你洗腦，讓你誤以為如果不跟著用就會被排擠、孤立。抵抗一種科技，等於抵抗所有科技的聯合大軍，他們都想要搶奪你的注意力，讓你無法專注在真正重要的事情之上。

軟權力的另外一個例子是會員卡。住家附近的超市給你會員卡，你以為得到會員折扣，卻讓他們有機會窺探你、透過折扣引誘你買原本不需要的東西。另一種更加隱晦的軟權力是誘惑，平台科技誘惑用戶去看平常不看的內容，所以你才會在YouTube上看了一支又一支的影片、在手機上玩不需要動腦的遊戲。數碼時代透過誘人的「蘿蔔」變出許多新奇的生活方式，但並不一定能讓生活變得更好。

科技公司除了透過技術刻意施展軟權力，也埋藏許多說話技巧進入用戶個人資料的說明。數據經濟藉此合理化一些十分不妥的說法，例如「如果你反對個人資料被儲存，等於你做了虧心事」。前Google CEO史密特曾在訪談中被問到，用戶是否該把Google當作「可信任的朋友」來分享資訊，他的回覆後來變得很出名：「如果你做過一些不想讓人知道的事，或許你從一開始就不應該做。」[2]（相較之下，卻很少有人知道史密特曾要求Google從索引中抹除跟他有關的部分訊息，這個要求被拒絕了。[3]你發現了嗎？科技公司的老闆們總是要求別人分享私隱，自己卻不這樣做呢。）

史密特這番話的用意在於羞辱所有出於正當理由而擔憂私隱的人。他暗示所有擔心私隱外洩的用戶都做過見不得人的事情，如果你有事不能曝光，那件事一定是錯的，錯事不能繼續隱瞞下去。可是私隱的用途並非包庇惡行[4]，反而會保護我們不被惡行所害，像是被罪犯竊取存款等等。

利用科技抑或被科技利用？

話說回來，企業希望你以為，科技公司都必須把你的個人資料當作商品，他們還讓你相信科技等於進步（儘管科技進步有時看來無異於社會和政治退步[5]），而所有進入市場的創新點子都無法走回頭路[6]，所有的進步都無法被阻擋。

上述的「科技等於進步」或「新科技發明了就要用」的說法，都並非完全正確的。科技公司發展出一套又一套的說法、知識、思考模式來維持它們的商業優勢。[7]這種說法讓人們以為科技只有好處或是科技無法與生活切割，但是過去數十年間某些科技反而固化了性別歧視、種族歧視的現象。[8]

例如Google將西班牙語新聞翻譯成英語時，經常把陰性的代名詞譯成陽性；也有演算法推算出「醫生為男性，護士為女性」、「電腦程式設計員為男性，持家者為女性」等結果，進一步強化性別刻板印象。[9]曾經有臉孔辨識的演算法把一個白人新娘貼上「新娘、女性、婚禮」的標籤，卻把北印度新娘貼上「表演藝術、戲服」的標籤。[7]世界銀行曾經提出警告，矽谷會讓所得差距愈來愈大。[10]而讓社會、政治倒退的科技改變[8]，不是我們該追求的。並非每一種科技進步都算得上真正的進步。

再來說「新科技被發明都非用不可」的說法。以燃油車為例，不管是從歷史、自然、機緣來看，都沒有非得開燃油車不可的理由。若非當初在美國發現豐富的石油儲量，然後福特製造出廉價的T型車輛，或許現在電動車會比燃油車更加普遍。[11]還有被大家討論了數十年的飛行車，到現在都還沒上路。一項科技得以發展並且進入市場，需要太多變數配合，例如價格、使用上的方便性，以及消費者的選擇。歷史的潮流裡散落著太多被拋棄的新奇科技小玩意。

還記得Google眼鏡嗎？二零一三年Google推出初代眼鏡原型，鏡架配備可錄影微型電腦。Google眼鏡在二零一四年五月公開發售，引發一波熱潮，《時代》雜誌說那是「今年最佳發明」，名人試戴眼鏡，《紐約客》雜誌刊登了一篇篇幅頗長的相關報道，連動畫《阿森一族》都讓Google眼鏡登場，荷馬說那是「Oogle Goggles」。雖然這項產品曾經造成轟動，卻在二零一五年下架了。[12]

Google眼鏡下架估計至少有兩個原因，第一、眼鏡造型太醜。第二個原因更加重要：眼鏡配戴者會讓身邊的人覺得很不舒服。酒吧、電影院、賭場，以及其他場所禁止入場者配戴Google眼鏡，因為客人討厭在發現眼鏡出沒前就被錄影。[13]戴上眼鏡的人被蔑稱為「Glassholes」（「眼鏡」+「混蛋」的組合字），這說法足以顯示出Google眼鏡讓大眾感到多麼不對勁。

二零一七年，Google眼鏡計畫起死回生，這次把目標轉向製造業的業者和工人，說不定之後又開放予一般民眾購買。

科技就跟其他社會規範一樣，之所以能發揮作用是因為透過所有人的使用和合作。所以科技公司的權力來源就是使用者。

科技發展不像重力或演化等自然現象憑空發生，是人類把科技發展出來的。[14]科技產品也並非來自意外的生物突變[15]，所以到頭來還是要人類自己確認，科技的發明是否符合人類的價值觀，能否增進全民福祉。科技進步無法被抵擋這說法沒錯，因為某些形式的科技改革確實會發生，不過這並不代表「特定一項科技產品」無可取代，讓人非用不可，而且改革未必等同於進步。就算有科技新發明，我們還是可以選擇是否要使用，並且加以規範。

科技巨頭自然會擁護有利他們的說法，但更加貼近真實的說法應該是：當科技發展帶來的負面後果超過正面效益時，就應該要被停止。用戶對私隱的關切愈具體，愈能精確指出：我們的私隱被當作商品是企業營利的手段之一，無關乎他們能否創造更好的使用體驗。大量儲存用戶個人資料可以讓擁有者累積權力。科技公司應該要更努力以提升所有人福祉為前提打造網絡世界。就算我們是清清白白的，也有各種理由反對任何機構專斷收集、使用我們的個人資料。

反對個人資料收集的原因有很多，其中之一就是收集方沒有尊重我們身為個體、以及社會整體的自主性以及自我管理的權力。[16]這就是科技權力由軟轉硬的時刻。數碼時代發展至今所產生的特質就是，只要相關公司認為不會被追究，就可以跳過取得同意的程序（或以同意才可使用產品或服務的前提），任意使用我們的資料。這種事情要是發生在現實生活中，就可算是盜竊或是脅迫了吧，但要是發生在網絡上就不算什麼，這再度證明科技公司遠比我們想像中更有權力。

如果郵局職員像某些電郵供應商或是其他第三方應用程式那樣讀取私人信件，早就被停職查辦甚至入獄了。[17]還有即時位置追蹤在過往只用於罪犯身上，現在卻變成每人手握一部的智能手機標準配備功能。[18]帶有灰色地帶的科技產品之所以沒有被追究，原因之一是產品製造商發明了一套美化其功能的說詞。明明利用了我們的個人資料、減低我們的專注力、破壞民主體制，宣傳時卻聽來舉世無雙，彷彿收集個人資料全是為了提供最佳使用體驗，都是為我們著想。個人化服務聽起來有一種VIP的尊貴感，事實上只是擾亂你獨特心智的技術而已。

科技公司並不使用專有名詞來稱呼產品，反而發明了委婉的說法來形容數碼現實。[19]歐威爾（George Orwell）曾經說過，政治語言（科技語言也是政治的）「是一種設計，讓謊言聽起來像事實，讓謀殺變成可敬的行為，讓風聲聽起來有如金石般篤定。」[20]私人廣告公司和監視網被稱為「社群」，好端端的公民被降級為「用戶」，超時上網則被稱為「網絡活動」，最機密的個人資料被稱為「資料廢氣」或「數碼足跡殘留物」。間諜軟件被稱為好吃的「cookie」，缺乏私隱觀念的使用規則叫做「私隱權規範」，過去被視作竊錄的行為，現在變成網絡經濟的基石。

科技透過文字遊戲誘惑使用者的行為太離譜，甚至讓描述自然的詞彙與真正的自然環境之間產生隔閡。[21]「蘋果」不該是產品，而是會讓你品嚐到甜美滋味的水果；你應該要在日出時聽到鳥叫聲，而不是一大早就玩「Twitter」；你把腳踩進水裡感受水流，而不是聽串「流」音樂。「雲端」是在天空中千變萬化的自然現象，不是讓你儲存資料的地方。以上詞彙多半用在和自然完全無關的地方。

思想家和作家該挑戰這個集體亂象，重建語言本色。要了解這個時代，並且為了更好的未來奮鬥，必先正名。我們要建構屬於自己的說法，例如不是所有的科技都對人有好處，反而利用了人當作賺錢的工具。我們被科技利用的程度遠超過我們利用科技。

資訊科學家創造的虛擬社會

在資訊科學家的眼中，你僅是他們的研究對象之一。他們有時候把這叫做「虛擬社會」。在創造出這個社會前，他們盡可能從你身上收集資料，例如你在社交平台上的人脈、帖文、投票記錄、購買記錄、車子廠牌和型號、貸款資料、網絡瀏覽記錄、是否提及健康狀況等等，並且以此建立模型，研究是否能夠影響你的行為。

我強調「你」是因為就算你是無名小卒也會被調查——社會就是由無名小卒建構而成。我有一個朋友在受訓成為資訊科學家的期間向我吐露，他的任務是要跨地域挑一個人當目標，徹底調查目標的一切。最後他選中維吉尼亞州的某男子，他發現對方有糖尿病和婚外情。而這位維州男子壓根兒不知道自己成為了研究目標。或許你在閱讀這部分的當下，也有資訊科學家正在研究你。

也就是說，每一個人都可能有無數個分身，以數據的形式活在資訊科學家的電腦中被實驗著，分身的個人化程度高低有所不同。科學家可以把我們的分身當作草人插針一般玩弄，用來試驗新功能看會發生什麼事。他們想知道什麼方式可以讓人產生衝動、點擊滑鼠、購買產品、參加選舉，或是擾亂網絡秩序。只要他們能像操控扯線木偶那樣有效操弄虛擬分身，就能把同樣的手法應用在真人身上。我們在網絡上的分身隨時回過頭來傷害本尊。

科技公司想把所有社會公民建檔啟動虛擬社會。如果充分瞭解一個人的個性，就有足夠的依據創造出許多網絡分身，並且測試不同程度的干擾能產生什麼結果，例如什麼樣的政治訊息能夠游說他們。等到造出達到目標效果的訊息，就放到真實世界中運作。散播具有操弄性質的訊息能左右選舉結果、煽動暴亂、引發種族滅絕、挑起人民對立、扭曲大家對真實的認知，到最後分不清真假。

劍橋分析公司就曾經透過盜用資訊協助競選活動。資訊科學家首先推出一款應用程式《你的數碼生活》（*This Is Your Digital Life*），讓二十七萬個臉書用戶下載，再支付每位用戶一到兩美元做心理分析，這樣一來就能鑑別用戶的人格特質分類。這個程式會下載用戶儲存在臉書上的所有資料進行關聯性調查，例如人格特質和讚數的關聯。臉書是很吸引人的社會調查目標，因為用戶不會察覺到自己受到監視的程度有多廣多深，所以會自在地瀏覽帖文、按讚、留言。資訊科學家像人類學家般觀察著用戶使用社交平台做自己的事，跟人類學家不同的是他們可以輕易量化分析所有細節。[22]

駭人的是，劍橋分析公司還下載了受試者的臉書好友的資料，而且沒有取得這些人的同意。[23]雖然科學家並不知道受試者好友的人格特質（因為他們沒有做心理測驗），卻能用之前的讚數比對分析來反推。

長話短說，劍橋分析公司拐了二十七萬臉書用戶出賣好友，代價僅需一個人一美元。雖然當初的受試者是自願參加調查，但多數人或許都沒有看清私隱規範，而內文當然也不會警告他們的個人資料會被用來動搖選舉結果。劍橋分析公司利用網絡社交平台的人際連結盡可能下載資料，受害的臉書用戶高達八千七百萬人。劍橋分析還透過人口調查和資料仲介取得額外個人資料，建立出一套心理戰術，涉嫌影響大選結果。他們的作為完美展示何謂「知識就是力量」。

劍橋分析公司深入挖掘民眾的生活和思考方式，他們收集的資料極為機密，甚至包括用戶的私人訊息。資訊科學家用深入且貼身的方式處理個人資料。數百萬人的資料聽起來抽象，沒有切身感受，但是每一位用戶其實都和你一樣的活生生，或許你的資料也被包括在受害的八千七百萬用戶中。

懷利（Christopher Wylie）是資訊顧問，曾在劍橋分析公司工作，後來成為吹哨者。他的著作《Mindf*ck心智操控》中提到公司向班農（Steve Bannon）展示心理戰工具（班農後來加入特朗普競選活動成為總召集人）[24]。公司的科學家要班農隨便說一個名字和美國的一個州，熒幕上就能出現相對應用戶的所有資料，如果不幸地班農說的是你的名字，那麼你就曾被一群資訊科學家用放大鏡嚴密監視過。你的外貌長這樣、住這裡、有這些密友，這是你工作的地方、你開這輛車、上次投票給誰、有貸款記錄、有健康問題、討厭工作、最關心這種政治議題、正考慮和另一半分手。

資訊科學家為了確認自己的推測正確，會打電話給他們選中的對象。他們假裝自己是劍橋大學的研究人員要做調查，並且詢問對方姓名、價值觀、生活方式。電話訪問內容讓科學家確信他們建立了一套工具，能深入世界上每一個人的內心。劍橋分析公司甚至入侵政治體系。總之他們建立了收集、分析敏感資訊的手法，可以打造出最貼近個人的競選廣告，帶來無法想像的後果。

一旦劍橋分析公司的資訊科學家把你的資料全都弄到手之後，第一步就是把你的人格特質歸類，然後根據五大人格特質給你評分，例如你對新體驗的開放程度、你是計劃型還是衝動型、偏外向還是內向、融入社會程度的高低，你有多容易產生憤怒或恐懼的負面情緒。

第二步是把預測演算法套用在你的檔案上，估算你投票的可能性（從零到一百分），以及你為了特定議題參與政治的可能性等等。

第三步是預測你在哪裡花最多時間，這樣就能接觸你。你看電視時間很長嗎？在YouTube上花多少時間？是否在特定社交平台上花大量時間？確定之後，劍橋分析公司會讓你接觸專為你這類型人設計的廣告，看看你是否會被影響。你會跟廣告內容互動嗎？不會的話，他們就會微調投放內容再度嘗試。[25]

此外他們還會研究你的生活滿意度，他們借用網絡黑客的思維，專門尋找最容易受到影響的對象，例如生性多疑的人。接著科學家再挑出具有黑暗人格三元素（dark triad）的人，三元素包括自戀、精神病態、馬基維利主義（純粹自利且毫不留情），找好對象後以激怒他們為目標採取行動。劍橋分析的資訊科學家還會在網絡上滋事，讓目標對象看到嘲弄同類人的部落格；也會在社群平台上做假專頁，甚至籌辦實體見面會，工作人員偽裝成一般民眾出席參加。[26]

劍橋分析公司規劃的數碼競選活動之所以特別危險，至少有兩個原因。首先他們讓不同類型的人看到差異懸殊的內容，瓦解大眾認知一致性。傳統媒體放大檢視、討論的現象都跟選民在網絡上看到的不一樣。被刻意混淆視聽的人，無法理性討論特定候選人，因為他們就是聽不見另外一種聲音。如果有人認為希拉里和華盛頓特區薄餅店的集體性侵兒童案件有關（薄餅門事件），當然無法冷靜和別人討論她的優缺點。

第二個原因是劍橋分析公司的競選宣傳看來不像精心規劃的政治宣傳，有時候像是一篇新聞報道，或是一般民眾自己發佈的帖文。沒有人知道這些乍看草根性主動發起的內容，事實上卻是網軍精心策劃的內容——被捲入兩極化對立的人更是不知情。

在第四頻道的驚人臥底報道中有一個片段，劍橋分析公司當時的營運總監滕博爾（Mark Turnbull）說：「我們只是把訊息放到網絡的血流中……看訊息流動，不時推一把……像遙控操作一般。事情發生的時候一定不能讓人意識到『這是政治宣傳』。要是有人這樣想，接下來他們就會問『誰放這種消息出來？』」。[27]

劍橋分析的心理戰、資訊戰所帶來的後果罄竹難書，而這間公司採取的行動包括針對性投放假新聞、散播恐懼（甚至發佈謀殺、虐待實際案件的血腥影片）、偽冒攻擊（impersonation）。如果前CEO尼克斯（Alexander Nix）和滕博爾在第四頻道報道中所言屬實，那麼這間公司甚至曾經作出賄賂行徑，還利用性工作者誘人上當，做過其他許多勾當。[28]劍橋分析公司被質疑幫助特朗普贏得美國總統大選和讓英國脫歐公投過關，似乎也與俄國關係深厚。[29]後代子孫讀到這難看的一頁歷史時也許會感到難以置信，希望那時候民主體制健壯、規範良善，讓他們不用擔心有人能再要同樣的手段而且置身事外。

雖然劍橋分析公司已經倒閉，但當初許多創辦的成員已經開設其他資料處理的新公司。[30]劍橋分析只是一個例子，讓人知道資料處理技術可以做到這種地步。二零一八年，德國柏林的非牟利機構「戰略科技」（Tactical Tech）辨識出世界上有超過三百個組織透過資料導向的競選宣傳和政黨合作。[31]在干擾他國政治、用惡意網絡干涉挑起民眾對立這兩方面，俄國素來是惡名昭彰。

二零一六年，俄國網絡滋事分子控制的兩個臉書專頁策動了德州的抗議以及反抗議活動。抗議名稱為「別讓德州伊斯蘭化」，策劃者是成員超過二十五萬人的臉書社團「德州之心」，背後的藏鏡人則是網軍團隊「網絡研究局」（Internet Research Agency）。反抗議活動則是由成員超過三十萬的臉書社團「美利堅穆斯林」策動，這社團也由俄國勢力掌握。[32]由此可見雖然劍橋分析公司已經不存在了，民主依然岌岌可危。

劍橋分析的勢力來自我們的個人資料，其他作惡者的勢力也是來自我們的個人資料。科技巨頭的權力，依舊來自我們的個人資料。你在網絡上玩有趣人格測驗，看看自己最像哪一個卡通人物，那些題目被設計出來的目的，也有可能是收集你的資料。

資訊科學家監察並操弄我們的人生，他們看到什麼都下意識地一把抓起，而且動作迅速，也有可能粗魯地破壞某些事物，例如大家的決策自主性、一次只做一件事的專注力，也破壞民主體制。要重新掌握我們的自主權、自我管理的能力，就是要重奪私隱權。

干涉自主權的兩種方式

所謂的自主權就是具有自我管理的能力。你身為成人應該已建立起自己的價值觀：決定什麼對你有意義、決定想過怎樣的生活，然後按照自己的價值觀行動。[33]當你做了自主的決定，你才有辦法負起這個決定的責任。自主的決定反映了最深切的信念，是你經過再三考慮後認可的抉擇。

每個人都強烈希望自主權受到尊重。我們想要別人認可、推崇我們自在生活的能力。在自由的民主體制中，除了少數例外情況，否則誰也不能控制你的思想、言論、居住、結交人脈、利用時間的自由，連政府也無法干涉。但如果你沒有自主權，那麼你沒有自由可言，因為你的人生是由別人控制的。搞清楚，所謂的自主，是有權力掌控你的人生。

既然自主權對於個體和社會的整體福祉而言至關重要，任何干涉自主權的行為都應該要有合理的出發點，例如避免傷害他人等。如果只是為了自己好而干涉他人自主，這並不合理。

私隱權和自主權之所以扯上關係，是因為倘若失去了私隱權，你的生活會更輕易受到干涉。要是你一直被人監視，就會心浮氣躁，無法做出真正的自主決定。前蘇聯芭蕾巨星紐瑞耶夫（Rudolf Nureyev）在一九六一年前往法國巡迴演出時決定脫離蘇聯。根據法國法律，他有義務在獨立房間裡獨處至少五分鐘，才能填表申請難民庇護。這段時間他不會受到他人干擾，左右他的選擇。[34]每個人都需要時間和空間獨處，遠離外界壓力，才能想清楚自己真心想要什麼，然後自在地實現理想。想想投票時的票站是如何設計的吧，誰也看不見你投給哪一位候選人，所以沒人會逼你投給不想要的人。

人要是知道自己正在被監視，也知道自己的行為將來可能會對自己不利，就會開始自我審查。要是你怕搜尋某件事的記錄被拿來做文章所以放棄搜尋，這就表示你的自主權和自由都受到限制。斯諾登揭發政府的大規模監視，之後去維基百科搜尋「恐怖主義」的次數暴跌近三成，顯示出監控主義的寒蟬效應。[35]

另一種干涉自主的方式，是透過你的個人資料撩撥慾望，更過分的是這種影響很隱晦。[36]你在網絡上看見的內容，其實都是廣告投放者或是資訊科學家認為你該看到的，這些內容不能真實反映外在世界。如果你不明白這點就很難根據理智和價值觀行動。要讓自主權順利運作，就要相對地能夠掌握當下的生活環境脈絡。要是被他人操弄你對世界的認識，讓你是非顛倒，心中感受和生活方式也受到影響，那麼你的自主權就遭殃了。

科技公司很少照顧到我們的自主權。他們似乎沒興趣知道我們真正需要什麼，也不想製造出能幫助我們達成理想自我的產品；他們樂於推出能讓他們盈利達標的產品，還創造讓人沉迷的應用程式，附加幾乎只對業者有利的使用條款。這些對自主權不屑一顧的科技公司，可說是新一代的軟性極權主義。

若說Google能夠成為新時代的神，一點也不誇大。原因有三：第一、Google無所不知，他們盡可能收集並掌握一切資訊；第二、Google無所不在，逐步成為承攬一切服務的平台，從聯絡、郵箱、雲端儲存、搜尋器、地圖、尋找醫療協助、訂閱內容等無所不包（全方位收集到不同的個人資料）；第三，Google無所不能，不同國家的人都在它的規範下使用其服務。為達到此目標，有說法指出Google在傳訊或政治游說項目上的費用是全美企業第一高。[37]

Google前CEO史密特曾經明確表達過，Google想要徹底掌握用戶的自主權。「目標就是讓用戶問Google以下問題『明天要做什麼？』、『我該做什麼工作？』」[38]。史密特在二零一零年說過更誇張的：「其實我認為大多數人不想要Google認真回答，只想聽Google指示他們接下來該做什麼。」39

Google或許會說他們是根據不同人的價值觀而提出相關建議，畢竟他們真的很了解你。但你要記住一點：像Google這樣的企業巨頭跟其他公司之間一定存在利益衝突，所以對你、對社會好的建議並不一定符合他們的商業利益。既然你所要的有可能偏離他們的利益，我們更有理由不把自主權交付給他們。就算有一天這些公司變得更加可靠，個人的自主權還是重要到只能由你自己負責。

或許你覺得你不用擔心，反正你可以忽略Google的建議。就算Google Maps提供建議路線，你還是可以走一條不一樣的路。但是我們千萬不能低估科技對我們的影響。科技公司不只設計產品，也會「設計用戶」影響我們的行為。邱吉爾（Winston Churchill）曾經說過：「人類形塑建築，建築反過頭來重塑人類。」

科技公司之所以善於推測用戶行為，是因為我們的行為有部分是他們催生的。如果某間公司能透過手機和手提電腦控制你大半時光，又能影響你的人生，例如藉由控制你看到的內容，再影響你去使用特定的通訊、購物、工作平台，這樣的公司要預測你的動作也不難，因為他們一直在提供選項，讓你愈來愈靠近他們要的目標。他們創造出一個人工的環境，就像《真人Show》（*The Truman Show*）一樣（如果你還沒看過的話，我建議你去看看）。

你應該要擔心自主權是否受到科技公司挾持，因為人生的主人本來應該是你才對，而且所有人都該關心這件事。就算你已經掌握了完整的自主權，還是可以替社會上其他人爭取。宏觀來看，一個政體要自治，先決條件在於其下的個體都享有自主權。如果這條件不存在，政體也不會存在。民主之所以民主，是因為每一個人民都能作自己的主。

沒有自主權的民主社會只是一場騙局，自主權薄弱的人民容易受到影響，他們將選票錯投給不能反映心中真正期待的人，選出了有能力操控認知和信念的權勢行動者。

這個社會需要你站起來保護私隱權，才能重建自主權和自由。就算你不強烈擔憂自己的個人資料，你的家人、朋友，你的同胞以及世界上其他人都需要你的協助。私隱權的建構需要集體努力。

私隱的共同體

私隱權不只保護你的私隱，也保護其他人。雖然個人資料聽起來只和個人有關，分享私隱時好像只有單一對象需要考量後果，但這是一種誤解。私隱權不僅保護個人，也保護所有人。[40]從之前劍橋分析引發的後果就知道，要是你的私隱曝光，也會讓周邊的人暴露在風險中。

保護私隱權很像生態保護或是需要動員集體力量的議題，不管你個人多努力要減少碳足跡，如果其他人不當一回事，你還是會嚐到全球暖化的苦果。面對這個議題，沒有人是局外人。因此需要有足夠的人數往同一個方向前進，才能達成我們的目標。

個人資料背後的邏輯，其實和私隱權的集體性有深厚的淵源。現在流行一種說法，要把個人資料當作財產看待，然後放任進行個人資料交易。鼓勵你買賣自己個人資料的公司如雨後春筍般大量出現。會出現這種風氣是因為資本主義社會極度推崇私有財產，所以我們本能認為如果要尊重個人資料，就是要把個人資料和私有財產劃上等號，事實上這樣是行不通的。[41]

試想象有一位朋友（或敵人）送你一套原本售價大約一百英鎊的家用DNA檢測工具套裝。一旦你把唾液樣本寄回檢測公司，等於把你全部（或大部分）的基因資訊權益拱手讓人。[42]像Ancestry這類的公司可以分析、銷售你的基因資訊。如果你在基因這方面不受私隱權保護，後果不堪設想，因為許多種類的保險都要求受保人上繳基因檢測結果，一旦你把結果交出去，就很有可能增加保費甚至拒保。如果你沒有告知檢測結果而且被保險公司發現了（這種事情很有可能發生，畢竟不少DNA檢測公司都依賴販售個人資料維生），或許你的保單就會被終止。[43]

或許你願意獨自承擔以上風險，又或者你很想知道自己是否具有一看見陽光就想打噴嚏的基因（「23與我」公司提供這項檢測）[44]，或許你有更多重大考量才想更進一步瞭解自己的基因。但是你的家人想嗎？你的雙親、兄弟姊妹、孩子或許並不樂見自己的基因私隱權被剝奪。[45]誰也不知道二三十年之後法律會被怎麼修改，也不知那時的科技能從基因資訊推導出什麼結果。所以你的基因測試結果可能會讓你的孫子在往後錯失各種機會，他們當初可沒有同意你捐贈或交易他們的基因資料喔。

即使每個人的基因組合是獨一無二的，其中還是有一大部分會與你的血親相同，即便是遠親也不例外。整個基因組合中專屬於你的特殊部分應該只有0.1%。以書本為例，要是把你的基因碼列印出來大約有二十六萬二千頁，其中只有大約二百五十至五百頁是專屬於你的基因密碼。[46]

基因之間的相似和差異可透過推理補上，所以沒有辦法事先知道你的DNA可能會被如何使用。在理想的情況下，基因可用來查緝危險罪犯。連續殺人犯及性侵犯「金州殺手」（Golden State Killer）就是這樣在二零一八年於加州落網。警方將犯罪現場採集到的DNA上傳GEDmatch，這是個免費網絡基因庫，其中包括犯罪檢測結果。偵查部門比對結果找到金州殺手的第三類堂表親（third cousin，屬於六親等），帶領辦案人員找到犯人。[47]

這樣聽起來還不壞嘛？心智正常的人應該不想讓連環殺手逍遙法外。可是絕對不能僅憑最佳結果，就放任科技不受管束。使用科技的方式很多，通常不單單使用在最佳狀況。基因庫也可能用來辨識政治異見分子、吹哨者等身份。即便是民主國家也可能會用商業基因庫推測移民的國籍，把他們驅逐出境。[48]

就算你手上的DNA樣本是匿名的，如果掌握了年齡等約略資訊，就能把尋找目標縮減為二十人以下（如果基因庫的母體數為一百三十萬人）。二零一八年的結果顯示，有六成美國白人可以經由這類調查被辨識身份，儘管他們從未提供DNA給宗譜資料庫。[49]要是有愈多人繼續拱手讓出基因訊息，就可以更輕鬆地辨識出世界上任何人。不過這還得要每件事都照理論順利進行，因為時有意外。

基因檢測結果「偽陽」的機率很高。如果有證據指出某人是嫌犯，這時再用DNA佐證，這樣的過程很合理，但要是反過來在基因庫裡用大海撈針的方式找嫌犯，這就危險了。事關犯罪現場會有許多不相關的DNA，不一定是罪犯所有。警方在追捕綽號「海爾布隆的幽靈」（Phantom of Heilbronn）的罪犯時，在全歐四十多處場所採證，一直找到同一組DNA，後來才發現DNA屬於某位專門製作警方檢測拭子的人員。此外，基因樣本容易被污染，不然就是A樣本被誤拿成B樣本。基因資料大多時候都難以讀取，比對兩組相異基因樣本並且找出相同處牽涉到主觀判定，誤判很常發生。[50]

很有可能因為某親戚做了DNA測試，結果無辜的你就變成了嫌疑犯，亞蘇里（Michael Usry Jr.）就是一個例子。[51]他的父親為了製作族譜提供了DNA，結果DNA跟犯罪現場所採集到的樣本吻合，還好亞蘇里的並不符合。熬過感覺不只三十三天的漫長時光，亞蘇里總算無罪釋放，但是並非所有人都如此幸運。之前有不少案例都有人因為DNA報告而被誤判。[52]沒有人知道像這樣的案件還有幾樁。根據美國國家冤案登錄中心（National Registry of Exonerations）統計，全國的已知冤案中，有24%是因為誤導性、錯誤的法醫證據而成案。[53]

人與人之間透過基因鏈相連，人際關係也是由其他數不清、看不見的連結聯繫著，所以只要一人私隱出現漏洞，全體也可能連帶受害。如果你暴露自己的居住資訊，家人、同居者、鄰居的居住訊息也有可能會跟著曝光。如果你讓某間公司存取手機訊息，那麼你的聯絡人也會曝光。如果你上傳關於個人心理的資訊，其他具有同樣心理特質的人也有機會被找出來。互相交纏的人際關係讓彼此易受傷害，所以要對別人的私隱負責。

既然私隱權事務是互利共生的，意味著誰也沒有出售個人資料的道德權威。個人資料不像私人財產一般專屬於某人，因為個人資料裡頭包含著別人的資訊。你的個人資料不只屬於你自己。

私隱權的集體性至少能從兩個面向說起。第一、你的私隱漏洞會助長侵害他人私隱權益的行為；第二、失去私隱的後果是由集體來承擔。習慣自曝行蹤的文化傷害了社會風氣和結構，甚至威脅到國家安全（稍後詳談），也放任歧視的風氣，且危害民主。

要是你的言行舉止有可能散播給數百萬人知道，身處在這種風氣中壓力會很大。我們的私人空間被限縮，任何時候絕對不能犯錯的焦慮讓我們肩負著沉重的擔子，而人類並不是可以在金魚缸中展現生機的動物，除非我們處於安心的環境下，否則無法發揮創意、大膽行事而且保持真心。

沒有私隱權，就不會有親密關係。無法以保密作為後盾的關係，注定無法深入發展（關係中不被信任的對象可以是人，也可以是用來通訊、交流的科技）。文化中具有私隱權才能讓人享受親密的對話，在封閉場域（家庭、教室）進行坦白的辯論，方能建立自由社會運作順暢的紐帶。置身在數據資料不斷被武器化的世界中，你會一直覺得有人要對你不利，你沒辦法相信其他人。心裡的恐懼讓人順從、沉默。

如果我教課或演講時會被錄影或錄音（更糟的是被直播），我發現自己常會把話吞回去，學生和觀眾比較少提出具有爭議性的問題。聽說自從西班牙的法院開庭開始錄影之後，庭上的氣氛變得比較不友善而更加沉默。[54]

要是走到哪裡都被監視，比較安全的做法是保持沉默或是附和主流言論。但是社會要進步，得傾聽勇於批判、勇於改善現況之人的論述。

缺乏私隱權也會導致社會受到傷害，例如個人資料被用來投放個人化政治宣傳、假新聞。惡意散播假新聞，有時候他們有明確目的，例如幫助特定候選人贏得選舉。但大多時候這些人的終極目標很單純，就只是想要煽動社會對立。「分而治之」是一種非常古老的政治策略，它正透過社群媒體改頭換面。我們被自己的個人資料挑起對立，被個人化的政治宣傳宰制。

每個人都很容易被操控，因為極少人可接觸未經過濾的第一手訊息。與你相關的事情可以發生在你的國家以及全世界，你沒有辦法一一目睹和求證真偽。現代人多半都是透過智能裝置得知社會以至國際大事，而且未必是用戶主動找來看，而是這些消息自己從推特或是臉書上跳出來。訊息的出現看來像巧合，事實上卻是臉書之類的公司精心挑選要讓你看到。他們把你的注意力轉賣給想要影響你的匿名者。

假設你和我接收到關於同一個候選人的矛盾資訊，你無法看到我所接觸的內容，我亦不知道你接觸過什麼，當我們在討論候選人時，很有可能覺得不同立場的人是瘋子或笨蛋，不然就是又瘋又笨，我們都不會發現是有心操控仇恨的人刻意過濾資訊干擾我們的認知。要是我們眼中的現實都不一樣，社會將走向極端，小人得志。被分化的社會變得更加脆弱，合作困難，尋求共識解決問題變成不可能的任務。每個人都被困在回音室或同溫層裡，無法進行有建設性的互動。

有心人透過網絡挑起對立的另一種方式，是讓民眾感染負面情緒。愈是恐懼和憤怒，愈無法相信他人，決定也會愈來愈不理性，社會機能隨之惡化。

私隱權賦予全體公民權力，這個權力是民主社會所必須，有它我們才能根據自己的信念在毫無壓力下投票，才能匿名提出抗議而不怕被事後追究，才能自由結交朋友，才能說出心內話，才能閱讀自己有興趣的書籍。想要民主持續運作，就要將這個權力交給人民。但是，掌握個人資料的人也掌握了這個權力。如果是由科技公司掌權，就會變成財閥政治；如果是政客掌權，就會變成極權主義。政體的統治權合法性來自人民的同意，而不是人民的個人資料。自由的民主社會不從天上掉下來，而是需要每天奮鬥才能得到的結果。如果再也不提供有利果實生長的環境，就無法培育自由民主的社會。私隱權很重要，因為它能賦權於民。私隱權是屬於大眾的無形財產，公民有義務捍衛它。[55]

第6章　民主與私隱

所謂民主是指主權在法律上屬於人民的政治體系。民主制度希望社會上人人平等且自治，在沒有獨裁者或專制者的條件下取得相對公正的社會秩序。[1]或許在幾十年前，人們還能打著民主自由的旗號主張保障私隱，但現在民主已經跌落神壇。三十五歲以下的美國人之中只有三分之一認為生活在民主體制中很重要，至於歡迎軍政府統治的人口比例從一九九五年的7%攀升到二零一七年的18%。[2]世界各國的公民自由和政治權利在過去十二年間持續下滑，在二零一七年上述權益只在三十五國取得進步，在七十一國逐漸退步。[3]《經濟學人智庫》（*The Economist Intelligence Unit*）將二零一九年稱為民主挫敗的一年，全球民主平均分數來到自從二零零六年民主指數創立以來最低點。[4]

所以本書在此需要解釋為什麼人們還是該為了自由民主而努力，就算你覺得現在的總統或首相腦袋不夠好，就算你覺得自己的國家已被現在或過去的政府毀了（或許兩者皆是），就算你覺得自己被政治排除在外，就算你覺得民選代表不能代表你，就算你覺得社會已經被人把持，就算你不信任同胞（發生這種狀況才更需要保護民主），就算你被民主傷透了心，你還是要努力改善而非摧毀民主，因為唯有民主體制最能充分保護基本人權，沒錯，包含你的人權在內。

「不會有人假裝民主是完美或全知的。」這是邱吉爾在一九四七年說過的名言，「不錯，民主可以說是最糟糕的政治體系，除了其他那些被人試了又試的體制以外。」[5]

民主體制並不偉大，在最好的情況下，民主也是一團糟，運作遲緩到令人痛苦，而且抗拒改變。民主千瘡百孔，看起來就像五歲小孩做的手工勞作。它需要每個人互相妥協，結果沒有任何人得到自己想要的，最後所有人都有點欲求不滿。在最糟的狀況下，民主會被少數富豪把持，他們改寫社會規範，犧牲他人的權益成全自己。

我們都同意民主社會並不是人間天堂，不過民主體制有一項其他體制都沒有的優勢，那就是它能驅使政客們考量多數人的利益和意見。政治人物需要民意支持才能留任，為此他們得讓多數人維持一定程度的滿意。跟其他制度比起來，參與民主制度的人數更多、掌握更多情報、採納更多觀點，因此提升了有效決策的可能性。[6]民主社會通常經濟發展較為蓬勃，氣氛更加和平（這是「民主和平論」所提出的概念，相關討論可上溯到康德）[7]。哲學家波普爾（Karl Popper）提醒我們，民主是不流血就能改變不良政府的最好途徑，也是實現改革的非暴力手段。[8]

不過存在於威權社會中的弊端同樣出現在民主社會中，例如濫用權力或是不公不義，然而最根本的差別還是在於弊端的出現率。犯罪率的差別，造就了不同的社會風貌。歐威爾曾經說過民主社會最珍貴的資產是「相對性的安全感」。你可以跟朋友討論政治，不用擔心自己出事。除非違反法律，否則不用擔心自己被懲罰，你知道法治大於人治。[9]我敢寫這本書挑戰社會中最具權勢的人物，不用擔心自己的安危，而你也能看到這本書，這都顯示出你我住在自由的社會裡，但是請不要將自由當作理所當然的存在。

為了保障你，尤其是保障你的個人權益，民主體制必須也是自由體制，否則將面臨彌爾（John Stuart Mill）所說的「多數人的暴政」風險，讓多數人如同獨裁者一般主宰少數人。自由主義替公民盡可能爭取自由，同時保障所有人的權益。自由主義僅強迫施行必要的限制，讓每個人在追求理想生活時不會干擾到其他人。如果你是普羅大眾，生活在自由民主社會將帶給你掌握最大自主權的絕佳機會。這樣的社會讓個人以及社會整體得以自治。

若自由受到忽略，民主就會因為內部體制崩潰而瓦解。民主並不總是在「碰」一聲巨響後消失，民選代表也能把民主置於死地，例如德國的希特拉和委內瑞拉的查韋斯就是兩個著名惡例。[10]英國哲學家沃夫（Jonathan Wolff）認為，法西斯主義者解構民主的第一步，就是用多數人的意志凌駕少數人權益，第二步是質疑傳達多數人意志的工具不具代表性，藉此破壞投票機制。[11]在數碼時代，特別要提防某些科技公司聲稱他們的裝置可以揣測客戶想法代為投票，人工智能學者伊達爾戈（César Hidalgo）曾主張在未來我們該用數碼代理人代替我們投票[12]，這主意真糟。

為防範多數人暴政，自由且民主的社會設下限制，確保少數人的權益受到保障。在這樣的社會中，就算你身為少數，就算多數人投票表決要侵犯你的權益，只要你沒犯法就不會被送去坐牢，這就是法治之所以存在的目的。

私隱權使執法一視同仁

自由民主珍貴之處在於強調平等和正義。沒有人凌駕於法律之上，每個人都擁有相同的權利，每個達到法定投票年齡的人都有權投票，每個人都有機會以更積極的方式參與社會，就算是在選舉中失利的人也不例外。反過來看數據經濟，它的惡劣之處在於用各種手段破壞平等，個人資料經濟的核心概念就是差別化待遇，根據用戶個人資料給予用戶不同內容。差別化待遇讓演算法演化出性別、種族歧視的現象，也讓某部分使用者在消費時成為冤大頭，而且還不知道自己買貴了。差別化待遇讓不同人看見不同的內容，擴大人群之間的分歧，這是一種放大差異性和不平等的惡性循環。不管你具有什麼身份，都應該和別人一樣得到訊息和機會。正義的化身經常被描繪成她戴著眼罩，象徵執法時不問身份，一視同仁。私隱可以隱藏我們的身份，讓我們受到公平公正的對待。私隱是公正執法者的眼罩。

科技巨頭以及政治家之所以能操弄我們，是因為他們和我們之間存在著強烈的知識不對等，由此演變為權力不對等。科技巨頭和數碼領域的政治宣傳直到近年才被揭發，我們無法察覺他們的戰略，同時他們又對我們瞭若指掌。為此我們必須努力使天秤恢復平衡——我們不但要更了解他們，也要降低他們對我們的了解程度。閱讀本書就是朝正確方向邁出一步，有助於你了解政府和科技公司擁有哪些權力，接下來你要更加保護私隱，如果做到了，你就無法被權力操弄。

要讓自由民主體制健全運作，必須捍衛真理、正義和公正執行部門的獨立運作，也就是說必須保護新聞界、法院和學術界。在數碼時代，要校準不對稱的權力天秤，首要之務是支持以上界別。作為一名學者，我擔心有越來越多研究（包括倫理研究）正接受科技巨頭資助。如果科技巨頭真的想贊助，他們可以通過仲介機構提供資金，斷開研究人員和資金來源的直接聯繫。如果仲介機構可以是政府、獨立基金會或大學，前提是資金要以絕對沒有附加條件的方式捐贈。要是學者擁護有爭議的觀點就會失去資金，他們就無法研究最重要的課題，也無法發布研究成果，這是損害學術自由，敗壞社會風氣。我已經看到研究人員避免提出爭議性觀點、選擇會讓科技巨頭矚目的課題。如果你希望得到Google贊助，你還會研究廣告的道德問題嗎？現時大型製藥公司贊助的醫學研究，以及食品公司贊助的營養研究都需要特別嚴格檢視，同理我們也該注意科技企業贊助的研究。

過去幾年一直積極對抗監控社會的就是獨立新聞媒體，以及其他吹哨者。斯諾登揭發美國的集體監控，他的消息得以公開，還要感謝波伊特拉斯（Laura Poitras）、格林瓦德（Glenn Greenwald）、麥凱斯可（Ewen MacAskill）、英國《衛報》，還有當時帶領以上人士和單位的編輯拉斯布里傑（Alan Rusbridger）。《觀察家報》的凱德瓦爾德（Carole Cadwalladr）揭露劍橋分析的作為，讓吹哨者懷利得以發聲。

以上人士都必須承受巨大壓力才能讓我們看到報道，斯諾登在事發之後被迫逃往莫斯科尋求庇護，之後可能永遠回不了美國。格林瓦德的伴侶在希斯路機場以觸犯《反恐法》為由，被拘留審問九小時，電腦還被沒收。波伊特拉斯在機場總是被阻攔以及盤問。《衛報》受到法院命令以及政府官員密切關注，被迫銷毀儲存斯諾登告密文件的硬碟。在撰寫本書時，凱德瓦爾德正面臨富豪班克斯（Arron Banks）針對英國脫歐的誹謗官司。如果沒有英勇的記者，我們不會意識到維持生活運作的規則。公民要培養意識，可採取的行動之一就是閱聽以及支持傑出的新聞從業員。

假新聞和政治宣傳，這兩者與魔術都有一個共通點：引起我們注意，讓我們歎為觀止，即便我們明知那全都是幻象。心理學教授庫恩（Gustav Kuhn）曾經是一名魔術師，他發現幻象太吸引人，就算我們隱約知道自己受到愚弄，要是手法高明還是會讓人誤以為表演是超自然現象。只有揭開魔術手法才能打破幻想的魔咒。[13]同理，如果了解個人化內容的設計方式和目的取向，就有可能削弱部分魔法，破除幻象。

限制收集資料的權力

以上勇敢的新聞從業員讓人知道，狀況並非一面倒向悲觀，不合理的權力可以被抵制和挑戰。一個人擁有權力，所有人加起來，會擁有更大的權力。數碼時代各機構透過個人資料累積太多權力，但我們可以收回支撐權力架構的個人資料，限制往後收集的個人資料。雖然不管是憑感覺或實際來看，科技巨頭的力量都非常穩固，但劣質科技的紙牌屋總有崩壞的一天。稍微增添新制，公民加強保障意識，又或者某些企業提倡保護私隱作為競爭優勢，數據經濟的亂象都可能彈指間灰飛煙滅。

沒人比科技公司更清楚自己的營商策略，所以他們才會想辦法令用戶相信他們的確在乎用戶的私隱（但是他們的代表律師在法院上又是另一套說詞），所以才會花費巨資粉飾門面。[14]

數碼時代因濫用權力而引發的抵制被稱為「科技抵制」（technology backlash）[15]。濫用權力的案例讓我們發現，權力需要受限才會對社會產生正面影響。即使你碰巧是科技愛好者，即使你認為科技公司和公共機構處理用戶個人資料的行為合情合理，你還是應該希望範圍受到一定限制，因為你永遠不會知道誰會成為下一個掌權者。下任總理可能比現任總理更威權；科技巨頭的下任CEO可能不像前任那樣充滿善意。

不要毫無抵抗就全盤接受數據經濟，不要因為你可能還年輕健康，或你自以為是男性、白人、異性戀，就誤以為你的私隱永遠不會受到傷害。如果到目前為止你都幸運地沒因個人資料外洩而出事，或許你會不以為然。但當你沒有想像中健康，也不再年輕。你認為理所當然存在的民主體制，可能會演變成一個不歡迎你這類人的威權體制。要是以為現任領導者仁民愛物就可以放棄抵抗監控資本主義，狀況惡化時（例如現任領導者令人失望，或是領導者換人）我們會變得無法回收權力。另外，請記住十九世紀英國政治家約翰・達爾伯格・阿克頓（John Dalberg-Acton）的古老格言：「權力導致腐敗，絕對的權力導致絕對的腐敗。」。讓科技公司或政府濫權掌握我們，並非明智之舉。

我們還會詳談如何重奪個人資料控制權，連帶重獲自主權以及民主，不過在那之前還要說明為何應該抵制數據經濟。監控經濟除了造成權力失衡也具有危險性，因為監控經濟拿個人資料做交易，而個人資料是具有毒性的存在。

第7章　有毒的資料

從多方面來看，石綿都是好處多多，它可以防火，耐用度高，而且開採並不困難。不巧的是儘管石綿具有實用性，卻也能夠致人於死地。石綿具有致癌性，也會引發嚴重肺部病變，只要接觸到就有風險。[1]在網絡科技蓬勃發展的社會中，個人資料就好比石綿，一來可以輕鬆取得（許多個人資料都是用戶使用科技產品的副產品），二來具有許多用途：商業交易，換取特權，甚至還能預測未來。個人資料也和石綿一樣具有毒性，深受毒害的包括個人生活、機關機構以及社會整體。

資訊安全專家施奈爾（Bruce Schneier）主張，個人資料是一種具有毒性的資產。[2]網絡黑客時時刻刻想突破網絡安全系統竊取所有人的資料，他們盜用個人資料犯下詐騙案件，或是拿著個人資料公開羞辱、勒索、脅迫當事人。收集儲存個人資料，就像把定時炸彈放在身邊，遲早會引爆危機。在網絡世界裡，攻擊者總是比防衛者更佔有優勢，前者可以選擇他們想要攻擊的時刻和手段，後者只好時時提防各種可能攻擊。不過結果可想而知，攻擊者要是有備而來，總能取得個人資料。

個人資料之所以危險是因為它具有機密性，也有被濫用的可能性，再加上很難妥善保存，又被許多人垂涎，從罪犯、保險公司到情報單位都想分一杯羹。個人資料被儲存的時間愈久，被分析的程度愈深，最後就愈有可能對本人造成不利。個人資料容易被攻擊的特性，使得擁有者以及儲存者連帶成為受害者。

被資料摧毀的人生

要是個人資料落入不法人士手中，人生可能從此被摧毀。這類災難真的無法事先避免，等到事情發生再來採取行動為時已晚，因為流出去的個人資料是沒辦法追回的。

二零一五年八月十八日，超過三千萬人一覺醒來發現他們的超機密個人資料被公開在網絡上。原來是黑客把婚外情約會網站「Ashley Madison」的客戶資料庫全部公開。在這次事件中，就算是早已刪除帳戶的用戶，個人資料也一併曝光，姓名、地址、郵遞區號、信用卡號碼、個人偏好等一覽無遺。黑客想要教訓出軌的人，他們這麼寫著：「悔改吧。」[3]

個人資料外洩為當事人所帶來的痛苦和重創程度難以評估，數百萬人難以成眠，嚴重焦慮。有人因此失去工作；有人被罪犯勒索，如果不付贖金就告知配偶婚外情網站的消息。勒索信內文如下：「如果你不聽話照做，被公開羞辱的不只有你，還有與你親近的人。」[4]就算當事人付出掩口費，也不能保證罪犯或其他人不會揭發他們。阿拉巴馬州一間報社找出資料庫中的當地使用者，把姓名全部刊登出來。一個黑客建設網站、開設推特帳戶，把外流資料中最露骨的部分刊登出來，因為他們覺得這樣很好玩。多少婚姻和家庭因此破碎，有人甚至為此自殺。[5]

或許你認為交友網站的用戶個人資料外洩是他們的報應，這是很值得商榷的想法。有錯在先就可以被社會公審，這個想法是錯誤的。所有人都是有罪的，至少從別人眼中看起來是這樣。即便如此大家還是受到私隱權的保障，我們的社會並沒有賦予黑客用他們的道德觀來審判、懲罰別人的權力。此外，因為婚姻出軌就要失去工作、被網絡公審，這懲罰也太過火了些，比例失當。有些用戶可能是因為難言之隱才使用約會網站，不一定像表面上看起來那麼惡劣。有些用戶在配偶的知情同意下使用網站服務，有些用戶與配偶的關係已名存實亡，有些用戶是因為一時動搖加入會員，之後從來沒使用過服務，他們只是把帳戶放著，提醒自己要是想往外發展還有機會。就算你認為這起事件中個人資料外洩是用戶活該，但他們無辜的配偶和孩子並不活該，他們不該因為認識的人牽涉其中而遭到公審。

你看到這裡或許會鬆一口氣，想說自己從來沒瞞騙過家人所以可以放心（不過你的家人可能會瞞騙你），不用等到秘密被人揭發，個人資料也能毒害你的人生——一些稀鬆平常的資料像是姓名、地址、銀行帳戶、身份證號碼、護照號碼等都能讓你受害。

二零一五年一月，雷夢拉（Ramona María Faghiura）在半夜被兩名警察叫醒，他們亮出拘捕令要把她帶走。她解釋自己之前身份被盜用，警方要抓的人不是她，結果還是沒用。她坐在警車後座邊哭邊傳訊息給丈夫：「我被抓了，資料夾帶來。」資料夾裡面的文件總結了她近幾年來的惡夢，裡面有法院文件、傳票、保釋金保函、還有她呈給警方和法官的訴狀，表示有人不斷盜用她的身份，在西班牙多個城市犯下欺詐案件。

雷夢拉明明沒有犯任何錯，多年以來她卻數度出入警局和法院，付給律師數千歐元，希望從此能還自己清白。她被診斷出焦慮症必須服藥。她說：「我的人生完了。」[6]

在數碼時代，身份盜用問題日漸頻繁，其中以盜用信用卡最為常見。每年都有更多訊息在網絡上公開，公開資料庫的數量也在增加。罪犯得以推敲個人資料，但是網絡資訊安全卻沒有跟上他們的腳步。個人資料相關的惡行愈發猖獗，這其實並不意外。最近在我和同事布魯克（Siân Brooke）共同執行的調查中，高達92%的受訪者曾在網絡上遭遇私隱被冒犯的問題。[7]

個人資料犯罪中愈見氾濫的另一個形式是勒索。二零一七年，犯罪集團取得立陶宛整形外科的資料，勒索來自六十個國家的客戶，要求他們支付比特幣當作贖金。結果黑客後來還是公開了超過二萬五千張私人照片，其中包括裸照和護照掃描檔案、國家保險號碼等。[8]

每年因個人資料濫用而受害的人為數眾多，以上三個案例只是九牛一毛。其他像是報復洩露性私密影像、網絡公審等情況不勝枚舉，受害的不會只有當事人，政府部門和私人企業也跟著遭殃。

突如其來的營運危機

個人資料容易被攻擊，所以儲存、分析個人資料的公司、機構也跟著成為目標。任何個人資料連結的連接點都可能引爆危機，讓公司損失慘重，形象跌落谷底，市場佔有率降低，股價下跌，還可能要花大錢打官司，或是被罪犯勒索。機構要是儲存太多不必要的個人資料，就等於儲存火藥。

並不是每間公司都會被個人資料災難摧毀，有些公司就是走運。例如Ashley Madison在資料外洩後運作愈來愈順利，而臉書雖然在個人資料方面犯下無數錯誤，也總算熬過來了，儘管他們因此形象受到重挫。或許用戶會為了工作或社交而繼續使用臉書，但這個社交平台已經不是最受喜愛的了。從長遠來看，或許這意味著臉書的終結。要是有其他競爭對手可以提供更有意義的替代選擇，臉書大概就會遇到麻煩。在最近的調查中，受訪者把臉書評為最不可靠的科技巨頭，還打了非常低的2.75分（零分代表完全不信任，十分為完全信任）。[9]

要是臉書因為不尊重私隱而失勢，沒有人會感到意外。現在還看不到它的頹勢，畢竟臉書還在運作中，但是對於某些現任或前任員工而言，在臉書工作已不再讓人驕傲。當我剛開始研究科技領域時，臉書員工總是會吹噓自己的工作多棒，現在倒是很常看到他們隱瞞自己和藍色大拇指之間的關聯。[10]

有些公司經歷個人資料災難後能撐過去，不代表其他公司也可以。處理敏感個人資料像是處理有毒物質，一旦出錯整間公司都會毒發身亡。以劍橋分析為例，這間公司透過個人資料替選民建立檔案、精準投放廣告，影響世界各地的政治宣傳活動。他們的作為曝光之後兩個月就申請破產並且關閉服務。Google也因為類似原因關閉了社交平台Google+，因為該公司被發現軟件件設計有缺陷，讓外部的開發者可以取得用戶個人資料。

就算醜聞爆發的風頭過去，也可能要付出高昂的代價。例如臉書因為多次侵犯私隱，到二零二零年為止在美國已經付出五十億美元罰款[11]，更因為劍橋分析事件在英國付出五十萬英鎊，不過這都發生在歐盟一般資料保護規則（GDPR）訂立之前。[12]新法上路後，罰金可高達公司營業額的4%或是二千萬歐元（擇一從重），而臉書已經歷好幾項觸犯GDPR的調查。二零一九年，英國的資訊專員辦公室宣布有意罰款英國航空（British Airways）一億八千三百萬英鎊，因其安全系統違反GDPR讓五十萬名乘客權益受損。[13]要是企業機構再不改變作風，罰金恐怕只會愈來愈高。完善的規範可以同時保障商業和客戶的利益，否則要是疏忽個人資料安全，不但用戶受害，公司也不能倖免。

私隱權災害不但不能罰錢了事，也可能重創機構本身。例如二零一五年美國聯邦人事管理局（United States Office of Personnel Management）資料外洩案，黑客偷走將近二千一百萬筆政府資料，其中包括現任、前任、可能聘僱的聯邦公務員背景調查結果。被竊機密個人資料包含姓名、地址、生日、職業、消費記錄、測謊記錄、危險性行為記錄、超過五百萬組指紋。這些資料很有可能被用來起底臥底調查員[14]，像這樣的資料外洩，不僅讓相關部門顏面無光，還可能動搖整個國家的安全。

資料處理不當的四種惡果

個人資料處理不當的後果，會帶給社會四種後果。第一、威脅國安；第二、敗壞民主體制；第三、透過提倡自我揭露和私法制裁，危害社會自由風氣；第四、威脅個人安全。

艾可飛（Equifax）是頗具規模的資料仲介兼消費者信用評級報告機構。二零一七年九月，艾可飛宣稱公司的網絡安全遭到破壞，有一億四千七百萬美國公民個人資料外洩。失竊的個人資料包括姓名、社會福利號碼、生日、地址、駕照號碼。在相關竊案中本案規模之大幾乎史無前例，直到現在都還波瀾不斷。二零二零年二月，美國司法部就著本案控告四名中國軍方人士犯下九項個人資料侵害相關罪名，惟至今中方都否認指控，真相仍有待揭開。

這些資料有什麼用處？第一個可能是，外國軍方想從中招募可能間諜人選。愈了解潛在對象，愈可能利用他們。如果對方欠債，就提供金錢收買。如果有秘密被挖出，就勒索他們。如果能夠了解他們的心理，就能操控他們的行動。

在這之前就有傳領英（LinkedIn）之類的社交平台會被用來招募間諜。領英有六億四千五百萬個求職中用戶願意跟陌生人聯絡。想要去政府工作的人會展示自己的安全審查（security clearance）顯示身家清白，提升被聘的可能性。網站上所提供的個人資料和聯絡方式都是重要資料，再加上與實際見面相比，透過網絡聯繫不但風險比較小成效又高，有傳中方間諜曾透過社交平台聯繫過數千名德法公民。[15]外國想取得美國公民個人資料的第二個可能原因，就是訓練演算法。第三個可能是透過個人資料來設計目標導向的假訊息做宣傳，就像劍橋分析之前那樣。第四個可能，就是個人資料被當成一種貨物賣給他國政府。[16]或許俄國和北韓也一樣，很有興趣深入了解美國公民。

攻擊艾可飛的行動由專業人士所執行，他們將個人資料拆分成小封包運出系統逃過偵測，整體行動透過分散在十幾國的三十四個伺服器執行，分散行蹤。話說回來，被攻擊是一回事，但艾可飛的資訊安全系統也是漏洞百出。集體訴訟指出，其內部機密訊息不以密文而以一般文字形式儲存而且很容易取得，此外至少使用過一次容易被破解的密碼來保護平台。更要命的是公司沒有更新Apache Struts軟件[17]，Apache之前公開表示自家軟件有漏洞，並同時提供用戶修補程式，偏偏艾可飛就是沒更新到。[18]

艾可飛這起案例表面上只是個人資料被偷，但有鑑於現今個人資料仲介如雨後春筍不斷冒出，被偷的個人資料可以被非法購入拿來為非作歹。曾有一位線民有感於「位置資訊可能被濫用」，於是將個人資料仲介所掌握的位置資訊透露給《紐約時報》，讓報社調查位置資訊洩露可以構成多大的危險。[19]這批資料主要來自美國一千二百萬部手機收集的資訊，手機用戶造訪的敏感地點包括心理機構、美沙酮診所、同志空間、教會、清真寺、墮胎診所。記者可以透過「安全調查結果」辨識或跟蹤軍方人員、執法人員，以及其他重要人士。如果以上人員有秘密不能公開（每個人都會有），卻這麼容易就被掌握行蹤，就很有可能被勒索。如果負責國家安全的人能夠被輕鬆定位、跟蹤，甚或可能曝光，那麼整個國家的人民都會陷入危機，畢竟外國勢力太清楚如何透過掌握個人資料來傷害國家安全。

出於資訊安全考量，美國曾向中國遊戲巨頭北京崑崙萬維科技施壓，將其持有的Grindr股份轉售給美國公司。Grindr這個交友軟件主要客群為男同志、雙性戀、跨性別人士，軟件中含有大量敏感性個人資料，像是露骨對話、裸照、影片、即時位置資訊、電郵地址、HIV狀態。如果我們活在重視私隱的世界裡，像Grindr這樣的軟件絕對會擁有滴水不漏的網絡安全控制和私隱功能，但實際上它沒有。不用太意外，二零一八年，挪威的研究團隊發現Grindr把包含HIV狀態在內的個人資料傳送給第三方來改善軟件運作。同一份報告也指出，許多個人資料例如位置資訊等等都以無加密狀態傳送給廣告公司。[20]

美方為何如此擔憂Grindr的私隱問題，並未詳加說明。消息來源指出，要是原因說太明白

「可能會暴露某些機構的機密結論」，不過背後埋由其實不難想像。畢竟北京崑崙給予北京辦公室工程師權限，讓他們存取數百萬美國民眾個人資料[21]，這些個人資料可能包括官方或情報界人士的資料，從資料或可推測他們的動向。[22]軍隊行蹤被軟件洩露，也不是第一次了。

加入政府高度機密計劃的人就和你我一樣，會在工作地點以及住家附近跑步。美國軍方人士一度透過Strava健身應用程式分享跑步路線，卻沒想到因此暴露了本該保密的基地地點。Strava會把所有用戶的跑步路線放在該公司網站的熱點地圖上，還可以放大縮小查看哪些地方是最熱門、最冷門的跑步路線。分析師指出軍事基地附近應該活動量相對低，結果基地卻被使用者跑步路線圈起來而特別顯眼導致基地暴露，而且還能透過其他公開資料庫交叉比對出跑步者的真實身份。有了熱點地圖，你可以輕鬆地辨識、追蹤被你鎖定的人。[23]

這樣一來，既不用買賣也不用竊取個人資料就能威脅國安，畢竟一切資料都公開而且很容易獲取。經過這次事件，Strava把關閉熱點地圖的選項調整得更明確更簡單[24]，但是這改變微不足道而且為時已晚，反映出設計者的心態預設所有人的私隱都該被分享。不尊重私隱變成共識，導致政府和軍方私隱陷入危機，有機會動搖整個國家的安全。

廣告投放的影響力

從劍橋分析事件能看出失去私隱權能造成不公正的民主選區劃分。侵犯私隱權之後可以拿資料替用戶建檔，據此鎖定用戶投放貼合他們心理傾向的政治廣告。劍橋分析的吹哨者懷利相信，英國脫歐公投之所以能過關是因為個人資料企業從中干涉。[25]從某種方面看來，劍橋分析公司藉由操弄政治傷害所有國家公民，受害者不僅限於被他們干涉的國家，因為全球的政治是會互相影響的。個人資料侵權所造成的傷害就是如此無遠弗屆。

桑姆納（Chris Sumner）是非牟利組織「網上私隱基金會」（Online Privacy Foundation）的共同創辦人兼研究總監，在他主導之下基金會研究了「黑暗廣告」。這類廣告只能被刊登者以及目標觀眾所看到。鎖定目標的方式是透過個人資料中的位置資訊、行為資料、心理變數（透過個人資料判定用戶的心理類型再加以分類）。桑姆納想調查定向廣告效率到底有多高，和研究夥伴薛凌（Matthew Shearing）評估了二千四百一十二名臉書用戶擁護威權的傾向，將他們分為高擁護群和低擁護群兩組。高擁護群用戶的人格特質傾向服從、尊重權威人士，也更加推崇傳統和常態，比較不能容忍非我族類。接著研究團隊再做廣告分別給這兩派人士觀看。

研究團隊總共做出四個廣告。第一和第二個廣告鼓吹監控，一樣都有建築物被轟炸的圖片但是文案不一樣。給高度擁護威權者看的文案說：「別讓恐怖分子躲在網絡上，請支持集體監控。」低度擁護威權者看到的則是：「網絡通了，犯罪多了，請支持集體監控。」接下來兩個廣告反對監控，高度擁護威權者會看到諾曼第登陸的照片，文案說：「他們為我們的自由而亡，但自由不能亡！請反對集體監控。」低度擁護威權者所看到的廣告上有安妮．法蘭克（Anne Frank）的照片，文案說：「不用躲，就不用怕？請反對集體監控。」

結果顯示，特別製作的廣告被目標觀眾看到時效果較佳。舉例來說，支持監控的廣告要是被高低兩組擁護威權者看到，從前者獲得的讚好和分享次數高出後者二十倍，而且被歸類為高度擁護威權者的用戶極有可能分享這則廣告，而低度擁護威權者的用戶會認為自己看到的廣告比另一方看見的廣告更有說服力。[26]但我們還是不清楚以上這些變數（分享帖文的可能性，覺得廣告很有說服力）能轉換成多少選票。

懷疑論者指出，精準投放效果有限，不用擔心它能對選舉產生多少影響。選舉廣告想要影響選民意向，還要面對一個重要挑戰：人格特質和政治價值觀之間的連結並不是十拿九穩。如果競選廣告搞錯對象，有可能投放錯誤造成嚴重反效果。另一個問題是，從臉書按讚所推測出的結論具有時效性——五年前你喜歡的，現在可能不喜歡了，但你也不會收回讚。此外，按讚所代表的含義在當下和在一年後可能截然不同。在歐盟公投等重要政治事件之前或之後對一位政治家按讚，可能代表完全相反的政治立場。再者，選戰對手也會使用同樣的宣傳技巧，形成互相較勁的局面，因此至少某些效果可能會互相抵消。[27]

然而令人擔憂的是，儘管精準投放效果有限，它的影響力確實存在。要是有數百萬人接觸到定向廣告，效果不用太好也能動搖選舉結果。二零一二年，臉書在《自然》(*Nature*)雜誌上發表報告，他們在二零一零年美國國會選舉期間，隨機挑選六千一百萬名美國用戶來做研究(研究似乎也是未經用戶知情同意就進行)[28]。在選舉當天，一組用戶在自己的臉書塗鴉牆最上方看到鼓勵投票的公告以及「我投票了」按鈕；另一組用戶看到同樣的公告，以及按下「我投票了」的臉書用戶大頭照(最多六張)。第三組沒收到任何消息。結果顯示，第二組去投票的可能性提高了0.4%。這數字或許微不足道，但要是接觸到具有渲染力的訊息或圖像的人數多達數百萬，就有數字加乘效果。該研究作者群聲稱他們藉此多催了大約三十四萬張選票。[29]

想想看有多少候選人曾經僥倖當選，就知道三十四萬票其實足以讓選舉結果翻盤。二零一六年特朗普在三個搖擺州以七萬票低空飛過，當選美國總統。[30]至於英國脫歐公投，脫歐派的得票率高出不到四個百分點。臉書鼓勵用戶投票未必是件壞事，但要是他們只鼓勵某些人出來投票呢？如果不是隨機催票，而是鼓勵支持特定候選人的選民又會如何？劍橋分析當初有一個目標，那就是辨別「中間選民」，這些人可能會受到影響，投給原先不屬意的人選，或是放棄投票。他們可以讓這些用戶看到打消投票念頭的內容，再給另一些人看候選人的負面新聞或假新聞。類似手段還有很多。

我們應該要擔心科技公司與社交平台具有影響選民的力量。前述臉書報告作者指出，二零零零年美國總統大選，喬治·布殊在佛羅里達州僅憑五百三十七票贏過戈爾，差距不到0.01個百分點。如果臉書鼓勵佛州的民主黨選民投票，然後對共和黨選民使出相反手段，當選的就可能變成戈爾，讓歷史轉一個大彎。

臉書「我投票了」按鈕曾用於二零一四年蘇格蘭公投、二零一五年愛爾蘭公投、同年稍晚的英國大選、二零一六年的脫歐公投和美國總統大選、二零一七年的德國聯邦選舉和冰島議會選舉。至少在冰島可以觀察到並非所有人都能看見投票按鈕，但是有多少人看見、根據什麼因素看見，不得而知。而且以上訊息能對選舉造成多大影響，也沒有人知道，因為臉書拒絕對外公開作業機制。[31]像臉書這樣影響力龐大而且又瞭解人性的科技公司，如果在選舉期間可任意發布左右投票行為的訊息，實在毫無道理可言。如果不深究下去，就該正視民主解體的可能性。

完善的民主體制奠基於公正的選舉，也要選民相信選舉過程具有公平性。如果絕大多數民意都懷疑選舉遭到干預，將會嚴重損害政府的管治合法性。

二零二零年美國總統大選中臉書與選舉干擾的關聯令人擔憂，下分幾點陳述：第一、將近七成美國成年人使用臉書[32]，所以這個社交平台有辦法影響眾多美國選民（Google旗下的YouTube也能夠透過其掌握的資料影響觀眾，是唯一被更多美國人所使用的大型平台，使用比例為73%）。第二、臉書的狡猾程度眾所皆知，本書也討論過許多相關案例。臉書讓用戶蒙受私隱危機，次數不勝枚舉。[33]第三、臉書宣稱該平台不會降低政治廣告的影響，也不會替內容進行事實查核[34]，因此謊言和假新聞橫行，甚至還讓這些內容成為焦點，因為付費廣告可取得精準投放之類的工具以達最高效率。[35]第四點也是最重要的一點，臉書為了脫離監管規範，有可能暗自傾向對公司有利的候選人，也因此更有理由影響選舉。

臉書為了商業利益不願受到規範，又招募前共和黨員出任高階主管，讓人擔心該公司具有保守派偏見。[36]後來的證據顯示，如果臉書想要，他們可以干涉選舉而不會受罰，而我們也很有可能毫不知情。[37]

在最理想的狀況下，社交平台會為行動負責，避免干涉選舉，甚至甘願放棄利益接受管束。這種情況或許會發生，但我們不必奢望。法律不能僅憑一廂情願發揮作用，干涉選舉的人一定要受罰，民主才能穩健成長。

就算現在還不清楚劍橋分析的手段和其他類似行動的成效如何，至少我們已經知道劍橋分析的目的就是影響選民決定。[38]這類機構並不想要發布真相，也不會提出為何該支持特定候選人，淨顧著激發網絡用戶最原始的情緒，對真相不屑一顧，把極端分化的內容帶到不同受眾面前。誰要是不可能投票給贊助你的候選人，就想辦法拐他們不去投票，這是在妨礙民主。要不是社交媒體上出現個人化政治廣告，英國脫歐和特朗普當選都有可能失敗。就算以上推想並不成立，還是要防範任何挾持民主的可能性發生。就如同一場陰謀雖然有可能失敗，還是要阻止。

或許你想知道，根據個人資料所製作的精準投放政治廣告和傳統廣告究竟有什麼差別，畢竟政治宣傳和政治抹黑並不是數碼時代的新發明。精準投放政治廣告，讓不同人看到刻意操弄對立的訊息，所產生的效果具有前所未有的毀滅性。資料公司知道用戶人格特質，讓人聽見想聽見的訊息，或是容易讓人掉進陷阱的訊息。候選人可以把一種圖像展示給一群人看，又把截然不同的訊息給另外一群人看，然後毫無責任需負。

公共領域被個人化廣告粉碎，簡化為個人的平行世界。因為接觸到截然不同的內容，所有人都活在自己的世界裡，這樣要如何展開有建設性的政治討論？如果政治人物以全體人民為出發點而做廣告，主打的是多數人可能支持的論點，通常內容會比較理智，個人化廣告內容則有可能走向極端。

如果是傳統的政治廣告，眾人看到的訊息一樣，就能一起討論，記者、學術圈以及政治人物的競爭對手可針對廣告進行事實查核提出批評，研究者也能評估廣告帶來的影響，所有人一同檢視，對候選人的施壓方向也會趨向一致。此外，廣告光明正大播放，比較容易讓人民監控政黨的廣告預算是否超過上限，是否以法律禁止的方式進行宣傳。

其他媒體如廣播、電視上的政治廣告一般都受到嚴格監管。在英國政治廣告通常無法播出，只能在少數無聊的「政黨政治廣播」頻道曝光。除非人們「真的」看見廣告，否則無法管制，所以黑暗廣告和個人化廣告必須被禁止（下一章會深入討論）。

社交媒體平台要求用戶分享資料，以便將用戶歸類為老人／年輕人、男性／女性、保守派／自由派、支持／反對移民、支持／反對墮胎，然後按照分類給予不同內容，這樣一來就會造成分眾鴻溝。絕不能讓公共領域沿著眾人的分歧界線崩解。事情並不需要發展到那麼極端的地步。如果要讓公共領域中的人求同存異，讓所有人都可以感到舒適和諧共處，實現多元主義，那眾人的生活必須達到一定程度的中立，這就是我們需要自由主義的原因。

第8章　暴露文化引發的社會問題

自由社會的基礎信條在於，每個人都可以自由自在地生活。哲學家彌爾曾經寫過，自由獲得支持的前提在於「爭取限制或禁令的人，要承擔舉證的責任。」（譯注：如果想要加上限制，就必須仔細說明為什麼。）[1]詳細列出規範，才能避免傷害他人以及確保公民免於不必要的干涉，並且建立所有人都能參與的共同生活。

私隱權是建立健全私人領域的要素，私人領域提供個人屏障，在不受外界影響的情況下享受自我時間和空間，不用擔心別人的窺探、評價、疑問、入侵。私隱規範發揮重要功能，讓人得以喘息。文明生活要順利運轉，人必須有一定程度的保留和保密。[2]如果我們會讀心術，能讀取所有人的想法，私人領域將會完全消失，而公共領域則會充斥無止境又不必要的衝突。所謂的自由主義，並非只是政府不干擾人民的私生活；如果自由主義要蓬勃發展，它必須扎根於同樣自由的文化中，在這文化中人民努力讓彼此感到自在。

社交媒體鼓勵用戶在網絡上分享內容，臉書的商業模式奠基在用戶的自我揭露。要是分享的內容愈不私密，臉書可能就愈擔心，進而調整演算法鼓勵用戶多加分享。[3]他們鼓勵用戶盡可能分享，要介紹自己是誰、說一下心裡的感覺、多聊聊家人和朋友、告訴全世界你對其他人的想法。臉書好想知道，好想聽你說話。

社交平台養成了自我揭露風氣，不希望人們把話藏在心裡。說出來的愈多，就愈有資料可以分析運用，再把影響力帶到用戶身邊。一篇文章被分享，要是底下的評論和點擊愈多，代表能賣出更多廣告，讓臉書賺更多錢，累積更大的影響力。看起來好像是用戶和社交平台雙贏的局面，用戶可以在網絡上嚷個沒完沒了，而科技巨頭也能繼續賺錢。但是在網絡上分享的多數內容其實都對用戶沒有好處。用戶的個人資料被濫用對他們不利，用戶分享的內容被其他用戶接觸到，其中有些人卻巴不得在網絡上進行騷擾、勒索、公開羞辱。社交平台上的溝通毫不修飾，然而人跟人的相處其實需要分寸，你所分享的個人內容、按下不表的言論（尤其是關於他人）、想問的問題在提出時都要遵守一定的規範。

有話不說不代表不老實。你認為某人非常愚蠢卻不說出來，也不算是欺騙。我們不需要對彼此身家調查才能進行坦承對話。要交朋友、當好鄰居，不需要了解別人最深層的恐懼、秘密、幻想，也不需要跟別人交代自己的祖宗十八代，同樣重要的是，其實我們也不想知道別人的祖宗十八代。

希望別人在言論、心智以及穿著打扮上時時刻刻都達致完美，根本不切實際，甚至能說是不理性。哲學家奈格爾（Thomas Nagel）曾經說過：「每個人都有權力偶爾在自己的幻想中殺人。」[4]身處在暴露文化中，人人不得不把想像中的謀殺拿出來分享，挑起不必要的對立。其實在較難達成共識的方面放過他人一馬並非偽善，而是體貼。

自由主義要求不要過度公開檢視所有事情，才能保護個人，創造健康的共同生活。暴露文化卻要求分享大小事情而且把一切攤在大眾面前。科技巨頭鼓吹一種迷思「沒做錯事情的人沒有秘密要隱瞞」還說公開透明永遠是一種美德，才怪。把其他人事情拿出來說嘴的暴露狂沒有道德可言。在數碼經濟中，每個人都被迫過度分享，美其名是為了友誼、有效溝通、大眾討論，事實上都是為了創造更多個人資料被分析。

過度分享只會對科技巨頭有好處，而且讓人沒辦法忍受待在公共領域。無情的社會壓力逼迫分享，導致言論偏激化、排擠他者、私法制裁、獵巫行動，而且這些行為沒有休止的跡象。每一張圖片、每一個文字、每一次點擊都被企業收集起來分析轉化成金錢，都在網民發起的網絡公審洩憤中放大檢視然後撕裂。他人言論的每個細節動輒引發風波，讓人無法聚焦在更重要的對話上，例如司法、經濟、生態、大眾利益。大家在網絡上吵個沒完沒了，讓彼此日子難過，為了大家都可能會有的人性缺陷把人撕成碎片，民主就這樣四分五裂。

或許等到網絡更臻成熟，就能遠離過度分享和欺凌的文化，然後用更成熟的方式來理解他人，而非像兒童社會關係般總是話講個不停，而無社會禮儀規範。

荷蘭與法國猶太人的不同命運

個人資料總是會被濫用，未來這個傾向也不會改變。有些濫用形式甚至比石綿還要致命。第二次世界大戰期間，納粹政權濫用個人資料的方式最為要命。納粹入侵他國之後，第一步就是快速掌握當地戶口，以便接管民眾，尤其是從中找出猶太人。對於納粹的記錄狂熱，世界各國對待他們的態度、給予他們的記錄種類差別很大。最顯著的例子就是荷蘭和法國。5

蘭茲（Jacobus Lambertus Lentz）並不是納粹黨員，但是他為納粹的貢獻超過多數狂熱反猶太主義分子。當時蘭茲擔任荷蘭的人口調查員，沉迷於人口統計數據，他甚至有句名言「記錄就是服務」。一九四零年三月，再過兩個月納粹就會入侵荷蘭，而蘭茲向荷蘭政府提議建立身份系統，所有公民都必須攜帶身份證。證件上的墨水經過石英燈照射就會消失，並且加蓋浮水印防偽。這項計畫遭到荷蘭政府否決，理由在於建構身份系統牴觸了荷蘭的民主傳統，而且把一般民眾登記在冊是把人民當作囚犯來對待。蘭茲大失所望，幾個月後，他把同樣的計畫呈給納粹德國刑警辦公室（Reich Criminal Police Office），佔領荷蘭的德軍熱切行動。每個荷蘭成年人都必須攜帶身份證，而猶太人的身份證上註記「J」，等同死亡宣判的證件就這樣被放在他們的口袋裡。

蘭茲除了製作身份證，還使用IBM所販售的打孔卡片製表機（Hollerith machines），利用打孔紙片記錄處理資料，擴充人口資料。到了一九四一年，所有猶太人都必須去當地的人口調查局報到記錄。此外，在這一切發生之前的數十年間，荷蘭人記錄了人民的宗教和其他個人特質。當時他們心態比較不設防，只想建立完整系統，詳細記錄每個人出生到死的大小事。蘭茲和團隊成員利用打孔卡片製表機還有任何手邊資料，間接讓納粹更方便追蹤目標。

與荷蘭相較之下，法國則因為私隱原因在人口調查時無須記錄宗教。至於有包含宗教資料在內的「最新」人口普查記錄為一八七二年。法國統計總局局長巴爾（Henri Bunle）在一九四一年向猶太事務局明確表示，法國政府不知道國內有多少猶太人，更不可能知道他們住在哪裡。此外法國不像荷蘭那樣具有打孔卡機基礎設備，所以收集新資料會更加困難。如果納粹要求法國警方把人民一一登記在案，就要用手慢慢抄在紙和索引卡上。

沒有打孔製表機，人口調查所取得的資料就沒辦法統計分類，但由於納粹急於得到結果，而當時法國陸軍的審計長卡密爾（René Carmille）也醉心並擁有打孔卡製表機等裝置，於是自告奮勇要來整理這些混亂的數據。

卡密爾發明了一套全國通用的個人身份號碼，運作方式像是條碼。這套系統是法國現行社會福利號碼的前身，使用不同的號碼來代表職業等分類。卡密爾也負責籌劃一九四一年的法國人口普查，調查對象為十四歲到六十五歲的法國國民。在問卷調查中第十一題會問祖父母是誰、信什麼宗教來判斷填表者是否猶太人。（原意是要求猶太人闡明祖父母為誰和他們所信奉的宗教來表明身份，但這樣是否不太合邏輯？就是因為不知道誰是猶太人才要普查吧？）

過了很長一段時間，照理說卡密爾應該早已得出猶太人名單，失去耐心的納粹開始追捕巴黎的猶太人，但是沒有打孔製表機協助，他們頂多也只能抓前來自首的猶太人。又過了一段時間，名單還是沒有出來。

納粹有所不知，卡密爾根本沒打算犧牲他的同胞。他是法國反抗勢力所安插的高階專員。在卡密爾的行動中，他製造了超過二萬個假身份，也用製表機找出有可能反抗納粹的人。至於關鍵的第十一題答案，從來沒有被送進機器裡讀取，表上所填的資料永遠消失。後來人們找到超過十萬張被修改過的打孔卡，納粹完全沒看過這些卡片。上萬條性命都因為一個人而得救，一個不願意收集他人資料的人，不願收集有毒個人資料的人。

我們可以合理推測，卡密爾知道自已要是沒交出名單，遲早會被逮捕。他後來在一九四四年事跡敗露，被納粹禁衛軍拘留，刑求兩天後送去了達豪集中營（Dachau），之後在一九四五年因體力衰竭而死。

數據收集可以置人於死地。歐洲被納粹佔領時，荷蘭的猶太人死亡率最高（73%）。當時估計荷蘭約有十四萬猶太人，超過十萬七千人被驅逐，其中有十萬二千人被殺害。至於法國的猶太人死亡率則是25%，法國的猶太人可能有三十萬到三十五萬人，在被驅逐的八萬五千人當中，八萬二千人被殺害。荷蘭猶太人死亡率之高，關鍵在於當局統計資料缺乏私隱；反觀法國因保護私隱而拯救眾多性命。[6]

其他記錄在案的個人資料濫用實例包括美國政府在十九世紀把北美原住民族驅離其原居地；一九二零、三零年代蘇聯少數民族被迫遷移；一九九四年的盧安達種族屠殺事件中，圖西族人之所以被追蹤、殺害，是透過比利時殖民政府在一九三零年代實施的人口普查記錄。[7]

要預測未來最好的方式就是回顧過去。上述事件並非發生在架空世界中的遙遠星系。我們必須從中獲取教訓，避免再度犯下過去的致命錯誤。*

想像一下要是現代有威權政體掌握所有人的個人資料會是什麼樣子。過去的暴君只擁有零碎的資料，但是當今世界卻是只要點擊幾下，任誰都能從數千個數據存取點取得任何人的資料。

---

* 有鑑於身份證的黑歷史，可以理解為什麼一九五二年英國決定廢除身份證，而在最近的辯論中，結論也是不要恢復身份證。

所以威權政體可以毫不費力地徹底掌握人民的每一個弱點。如果有政權可以預測人民的行動，一個不可摧毀的政權可能就此展開。

第二次世界大戰留下許多與個人資料相關的案例，其中一項特別具有啟發性。一九四三年三月，一個荷蘭反抗組織針對阿姆斯特丹市政登記處發起行動，目標是盡可能銷毀記錄來協助阿姆斯特丹的七萬名猶太人脫離死劫。維恩（Gerrit van der Veen）、亞宏迪亞斯（Willem Arondéus）、布勞爾（Johan Brouwer）、布隆卡騰（Rudi Bloemgarten）等人喬裝警員進入建築物，他們沒有殺死警衛，而是給他們打了鎮靜劑。接著行動小組將檔案浸在苯劑中然後放火燒毀文件。消防隊員中有人支持這項行動，所以警報響起時他們刻意拖延消防車出動，讓火勢慢慢燃燒。等到救災人員抵達火災現場，他們還盡可能用滅火喉噴壞記錄文件。

不幸的是，這場行動算不上特別成功，之後反抗小組有十二名成員遭逮處決。火災也只燒去了大約15%的文件。[8]

過去納粹要行動總是先從人口下手，今日的不法分子也知道要從哪裡取得個人資料。要獲取最敏感的訊息，甚至不用出動軍隊入侵國家，只要僱用優秀黑客就能達到目標。從這層面來說，個人資料以及私隱權所保護的內容陷入極大風險，遠超過網絡風行之前的世界。

我們應該要從過去的錯誤中汲取教訓。個人資料是有毒的，需要被控管。不要再讓石綿的應用重蹈覆轍。過去石棉被廣泛運用，例如汽車剎車片、水管、天花板、地磚、混凝土、水泥、磚塊、衣物、床墊、電熱毯、暖氣、烤麵包機、熨衣板、香煙濾嘴和人造雪等等。一旦石綿進入居家環境的結構中，例如屋頂和牆壁，就很難在沒有風險的情況下去除。石棉每年造成數十萬人死亡，至今依然毒害世界各地的人，就算在已經禁用石綿的地區依然也能造成傷害。[9]

不要再讓個人資料毒害個人、機構和社會。幸好我們還有時間來修正目前的路線，還可以修正網絡和經濟上的缺陷。我們要記取荷蘭在二戰期間的經驗。荷蘭人在私隱方面至少犯下兩個大錯：第一、他們收集太多個人資料（現在的我們也是）；第二、荷蘭人意識到個人資料的毒性時，並沒有用簡單快捷的方法來刪除（現在的我們也沒有）。我們需要在為時已晚之前做出改變。

第9章　收手吧，個人資料經濟

監控經濟的發展太過離譜，濫用個人資料的手法和次數也過於氾濫。從機密程度和交易數量看來，個人資料交易這場「大型實驗」變得太過危險，不能再進行下去，因此這種交易必須喊停。

為什麼呢？個人資料經濟從本質上牴觸了自由平等、穩定開放的民主體制，我們大可等到大規模個人資料外洩事件爆發，例如大筆生物辨識資料外流（請思考一下，人臉並不像密碼那樣可以改變）或是個人資料被濫用於種族滅絕，再來著手保護個人資料，然而我們也可以在為時未晚之前，現在就改革數據經濟。

個人資料已經成為經濟的重要一環，說要暫停聽來未免不可思議。但是回想從前，勞工權益聽來也是同樣放肆。回顧過往剝削勞工的野蠻行徑，例如工業革命時代的案例，著實令人悲痛。所以在未來我們也可以回頭看看今天的自己，想想監控數碼經濟是多麼的愚昧。

雖然人類並非每次都能成功避過災難，但從一些例子看來，人類還是有能力調整、改變方向，離開帶我們走向惡運的道路。以環境保護為例，大氣層最外面的臭氧層吸收了太陽的大部分紫外線。要是沒有臭氧層的保護，人類的眼睛、皮膚、免疫系統和基因都會因紫外線照射而受損。二十世紀下半葉臭氧層變薄，皮膚癌的病例也跟著增加。一九八五年，科學家在《自然》雜誌發表一篇文章，文中論及南極上空臭氧層每年消滅的狀況，顯示出人類正走向災難。

僅僅兩年後，《蒙特利爾定書》（*Montreal Protocol*）在一九八七年訂定，這項國際協議旨在禁止生產以及使用會破壞臭氧層的化學物質，包括CFC（氟氯碳化物）。CFC在全世界被普遍用於冰箱、空調的冷媒和噴霧罐填充劑中。CFC之所以好用，是因為它具有低毒性、不易燃（和石棉一樣）、不易起反應的特性，但不巧的是不易反應的特性也讓CFC變得危險，因為這代表CFC製品有效期很長，長得有時間逸散到大氣中停留。

由於專家和大眾反對生產使用CFC，業界才進行改革發明替代品。自二零零零年以來，臭氧層的稀薄處和破洞處以每十年大約1%到3%的速率恢復原狀。照這速度，北半球上空的臭氧層預計可在二零三零年左右完全恢復原狀。二零六零年，全球上空的臭氧層都能全面復原。淘汰CFC還有另外一個好處：全球暖化效應減半。[1]

如果臭氧層可以得救，私隱也可以。

後文所列出的建議大多針對政策制定者。就像拯救臭氧層一樣，要改革個人資料經濟除了施加管控以外別無他法。不過要讓政策制定者動起來，需要你、需要我們、需要人們一起施壓。要論誰有資格要求結束個人資料交易，到頭來還是只有我們。你能透過許多行動來協助達到以上目標。

政策制定者往往渴望保護人民，但他們或許擔心要是大膽行動不知會造成什麼後果——黨內人士可能不會支持，代表選民做事可能還不會被他們重視，以後的官途也可能受阻。但是政治人物的權力終究來自普羅大眾。如果他們知道選民關心私隱，也知道要是出手規範私隱權限就能獲得選票和支持，他們必定會採取行動，現在他們只是等待誰先發聲而已。我們要做的就是盡可能收集情報，了解情況，才知道該跟他們提出什麼要求。要展現你對私隱的信念，你可以聯繫選區民意代表，可以投票，可以直接採取保護私隱的行動。

個人化廣告　讓群體分化兩極

這裡要提到本書一開始所說的——個人化廣告的發展是數據經濟的陰暗面起源，但這也是解決方法的起點。蒐集用戶身份和行為資料而製作的精準投放廣告，其實弊大於利。

正如前文所言，個人化廣告能造成許多嚴重危害，其中之一就是可能會腐蝕政治進程。或許你認為要解決政治問題，更合理的手段是禁止投放政治廣告，推特在二零一九年就是如此，但要明確區分政治／非政治廣告並不容易。推特定義的政治內容包含「提及候選人、政黨、當選或任命的政府官員、選舉、公投、計票、立法、法規、政府命令、司法審判結果」。不過，否認氣候變遷是否為政治廣告？氣候變遷的公共宣導呢？反對移民的廣告呢？家庭計劃健康中心的廣告呢？以上所有廣告看來都與政治有關，也可能與特定候選人或選舉密切相關，但這些廣告是否會被推特禁止，或者該被禁止，並沒有明確的答案。

因此，更好的解決辦法是完全禁止個人化廣告。個人化廣告不但讓政治傾向走向極端，內容也比多數人想像中更具侵略性。當你看到個人化廣告，代表的不僅是某家公司比朋友更了解你，更糟糕的是隨著頁面加載，很多時候在你還來不及同意（或不同意）資料收集之前，互相競爭的廣告商早就透過競標獲得機會向你展示廣告。

即時競價機制（RTB）通常在未經許可的狀況下，就逕自將你的個人資料傳送給意圖鎖定你的廣告商。假設亞馬遜得到你的資料，並且把你歸類為曾在自家網站上搜尋過鞋子的用戶，亞馬遜就可能願意多付錢拐你去他們的網站買鞋，所以你才會看到亞馬遜的鞋子廣告。不幸的是在這過程中，你的性傾向和政治傾向等非常私密的個人資料可能會在你不知情或未經同意的情況下，一併發送給亞馬遜以外數不清的廣告商，於是你的個人資料就被那些公司保留了。[2]

可想而知，廣告的「行為定向」（behavioural advertising）的確很吸引人，畢竟用戶不想接觸沒興趣的產品。如果你一點也不在乎農業用拖拉機，看到相關廣告在熒幕上跳動一定會感到心煩。反過來廣告商也不想要浪費資源在永遠不會光顧的客群上。十九世紀的百貨業者沃納梅克（John Wanamaker）有一句名言：「我花在廣告上的錢有一半都浪費了，最慘的是我不知道是哪一半。」

定向廣告保證會解決廣告從業員和客戶的困擾，只讓客戶看見有興趣要買的商品，也讓廣告商為提升銷量的廣告付費。理論上這應該是雙贏的局面，糟糕的是現實和理論完全不同，反而合理化監控用戶的行為，還讓假新聞和騙點擊的技倆流竄，撕裂公共領域，危害民主進程。精準投放廣告一方面帶來劇烈的外部影響，另一方面廣告效果甚至沒有宣稱般來得有效，我們根本看不到自己想看的東西。商品銷量是否提升、廣告費用是否節省，結果也並不明朗。

廣告研究有很多部分其實並不如你我想像中那麼科學化，營銷人員之所以採用特定廣告策略，有時是出於直覺，而未必能拿出強而有力數據佐證策略有用。偶爾出於直覺的策略甚至讓大企業白白燒掉數百萬英鎊。[3]

定向廣告相關研究的數量，並不足以讓人高度肯定廣告有效，反過來我們卻有理由相信個人化廣告並不如樂觀者想像中那麼賺錢。[4]初步研究顯示使用cookie的廣告確實能增加收益，不過只增加4%，換算後等於每個廣告平均多賺0.00008美元。但是和非定向廣告比起來，廣告商卻願意為定向廣告付更多錢。根據研究說法，同一個廣告的無cookie版售價只要cookie版成本的2%。[5]卡內基美隆大學（Carnegie Mellon University）的阿奎斯提（Alessandro Acquisti）教授是研究的作者之一，他說：「定向廣告宣稱能讓每個人受益，聽起來好像有什麼魔力似的。乍看之下定向廣告理論合情合理，問題是細看就會發現以上宣稱幾乎少有實證證明。」[6]

定向廣告比非定向廣告昂貴許多，提供的獲利卻少之又少，所以我們的私隱可以說是白白犧牲了。Google和臉書可能藉由銷售他們畫出的大餅賺得口袋飽飽。*Digiday的調查結果證實了以上猜想。四十家廣告商參加調查，其中有45%廣告商認為行為定向廣告所帶來的獲益並不顯著，23%則表示定向廣告反而讓他們收入下降。[7]相較之下，《紐約時報》為應對歐盟一般資料保護規則，封鎖了個人化廣告，結果他們的收入不減反增。[8]

定向廣告不成功可能還有一個原因，那就是廣告真的太討人厭了！[9]你還記得以前的廣告都很有創意、很逗趣嗎？看電視節目一個小時可以看到好多有趣廣告，而且觀眾是真的想看，現在已經不是這樣了。現在多數廣告（尤其是網絡廣告）令人不快，最糟的還讓人感到差勁。它們粗製濫造，內容強迫分心而且具有侵略性。

* 不過要謹記在心的是，即使定向廣告成本不符效益，但因為大型平台接觸到的受眾多，廣告商還是會認為使用大型平台才符合利益考量。

現代的廣告業已經忘了廣告之父奧格威（Ogilvy）的教訓，他寫過：「要讓人買東西不能讓他們感到無聊，要讓他們覺得有趣。」廣告業者不可以也不應該透過強迫的手段讓顧客上門，「要賣東西需要和人友善握手，而不是用錘子猛敲客人的頭。要對客人施展魅力。」[10]但是網上廣告的糟糕程度比大力敲擊的錘子還要粗魯。

大家特別討厭定向廣告的原因在於廣告破壞了我們的私隱。你是否曾經感受到廣告在偷窺、偷聽你？你跟朋友聊到特定話題，可能是考慮換工作、生小孩、買房子，結果馬上看到相關廣告。研究顯示要是廣告讓人覺得很陰險，效果就會大打折扣，這真是一點也不令人意外。[11]要是大家知道廣告會透過跨網絡追蹤用戶或是猜測用戶動向，使用網絡的念頭就會降低。

本書之前解釋過，Google很早就意識到誰都不喜歡被監視，所以他們採取了低調或者秘密的方式。還記得你是從什麼時候開始意識到科技公司使用你的個人資料嗎？我想應該不是因為哪家大型平台明確告知吧？你會注意到個人資料被使用，或許是因為你發現看到的廣告通常與自己有關，而且朋友和家人看到的廣告和你不同，或者是從文章、書籍中讀到個人資料濫用相關訊息。

定向廣告可能無法提供其所宣稱的優勢，廣告的失敗讓人們的私隱損失顯得更加無謂、荒謬。但就算定向廣告真能讓消費者看見想要的內容同時增加商家收入，還是有大好理由棄用定向廣告。

定向廣告雖然無法大幅提升業績，在選情拉鋸時卻能左右勝負，而且效果可能不錯。產品業績提升4%可能無法讓廣告費回本，換成選票增加4%，可能就會扭轉選舉結果。

個人化廣告合理化仇恨科技的使用，並且把營銷管道當作武器，散播錯誤資訊來粉碎、分化公共領域。雖然臉書主張「讓世界更加緊密聯繫」，但要是像臉書這樣的平台依然使用個人化廣告，讓用戶接觸到互相對立的內容，平台還是保有強大的分化力量。要是臉書繼續把持網絡廣告，這間公司的傷害力就會增強。

臉書讓廣告刊登者離開慣用的曝光管道，讓用戶習慣寫出騙點擊的內容。廣告商與受眾之間的關係被削弱，報社是最大的受害者，他們只能更加依賴平台，但是平台的演算法卻變來變去削弱曝光率。[12]臉書在二零一八年宣布改變演算法，讓用戶更常看見親友的發文而非廣告內容，但在這個改變發生之前，被臉書推薦帶去新聞機構的流量早就大幅下降。據說某些網站表示流量下降了40%。BuzzFeed不得不解僱員工，巴西最大的報紙*Folha de S.Paulo*甚至離開臉書。[13]

禁止定向廣告能夠促進競爭，防止平台獨大。臉書和Google之所以無敵，原因之一在於他們收集了海量個人資料。誰都想去這兩大平台投放廣告，可能是因為大家誤以為要是平台掌握愈多個人資料，個人化廣告愈有效。然而若是所有人都使用內容比對廣告（contextual advertising），平台之間的地位將會更加平等。[14]什麼是內容比對廣告？例如你搜尋「鞋子」，你所看見的廣告內容就會與鞋子有關。這類廣告不需要知道你是誰、你去過哪裡。如果禁止企業將個人資料用於廣告，就會削弱科技巨頭的競爭優勢，但是從用戶數量看來，這兩隻科技巨獸依然盤據廣告山頭。

那麼網絡廣告該何去何從？還有一種方式可讓廣告存活，尤其是資訊類廣告。這類廣告內容與比對廣告、競銷廣告相反。據奧格威所言，資訊類廣告更合乎道德規範，更有利可圖。網絡廣告商最好記住奧格維的格言「文案才是廣告的本業。」或許網絡廣告不該模仿電視廣告，而該效法雜誌廣告。網絡廣告商與其監視用戶、設計粗糙的內容、用閃動圖像強迫用戶注意，倒不如遵循奧格威的理念，在文字和事實上多點用心。廣告不要用一大堆形容詞去描述產品，而是要確實提到產品資訊，提供良好建議，例如（清潔產品廣告）教人去除污漬，（食物廣告）提供相關食譜。[15]網絡廣告商應該提供客戶資訊，而不是反過來偷客戶資訊。

新產品新品牌上市，打廣告並不為過，但是廣告不用侵犯用戶私隱也能產生效果。此外也有人主張應該限制整體經濟活動中的廣告業比例。目前廣告是數據經濟的核心。但要是放眼所及都是廣告，或許會危及我們的幸福感受。

一項持續三十多年、對象為歐洲二十七國約一百萬公民的研究最近發表了結果，顯示出整個國家的廣告支出增加與生活滿意度下降之間存在關聯。報告內容將其他總體經濟變數納入考量，例如失業率和個人社會經濟特質等等。研究人員估算，廣告支出成長兩倍，之後生活滿意度就會下降3%，已經是失業所帶來的不幸感的四分之一。[16]如果廣告以犧牲幸福作為代價來促進經濟發展，那麼我們可能要多想想讓廣告在生活中佔多少分量。

根據全國廣告商協會和廣告聯盟（Association of National Advertisers and The Advertising Coalition）委託製作的報告指出，二零一四年廣告佔美國總經濟產出的19%。[17]相較之下同年旅遊業佔比是7.7%，[18]而美國的廣告市場價值竟比銀行業還高。[19]既然如此，為什麼廣告業讓人這麼痛苦？我和已離開臉書的資訊科學家哈梅巴赫（Jeff Hammerbache）一樣，發現「我們這一代最優秀的人才都在想，要怎樣才能讓人點廣告」[20]，真是太悲哀了。

限制廣告，自然也能預防極度依賴廣告收入的巨型科技平台繼續坐大。不要忘記，Google母企Alphabet和臉書收入的絕大部分，都來自廣告。[21]

我們必須禁用個人化廣告，禁止即時競價機制。我們應該約束廣告的主宰程度，或者進行改革，不再讓廣告傷害一般人的幸福。還好你不用等政策制定者改革廣告業：你可以使用阻擋廣告工具。

個人資料交易應被禁止

我們不該為了剝削獲利而買賣、分享個人資料。濫用個人資料的可能性太多，而且一直在增加。違法交易的個人資料愈機密，懲處就該更加嚴格，罰款更高。企業窺探用戶病史、查看用戶是否曾被性侵、孩子是否因車禍過世並且從中獲利，放任企業繼續如此作為，簡直令人匪夷所思。

從來沒有哪一種說法能說服我原諒個人資料仲介的作為，他們是數碼時代的禿鷹，以人們留下的數碼足跡維生，把個人資料賣給出價最高者從中獲利，卻幾乎不替個人資料真正的主人著想。

二十年前，波爾（Amy Boyer）被跟蹤狂殺害，她的個人資料和位置資訊是兇手從個人資料仲介Docusearch購買而來[22]，驚人的是這間公司現在依然存在。他們的網站宣稱「上線二十年來深受信賴」。不，個人資料交易業者不能信任，他們販賣你我的個人資料給騙徒。二零一四年，內華達州的個人資料仲介LeapLab將大批民眾的機密個人資料賣給一間「公司」，這間公司藉此從民眾銀行帳戶進行無授權提款。[23]你的銀行帳戶存款是否曾經不翼而飛？那可能是個人資料仲介闖的禍，他們把你的資料弄丟或是賣掉了。前文提過的艾可飛個人資料外洩是企業史上最嚴重的事件之一。[24]

光是製作網絡用戶的個人資料檔案，就足以威脅全世界，更別提太多仲介手上的資料不要說加密，可能連基礎保護都沒有，因為現在並沒有足夠的誘因讓他們投資良好的資訊安全，外國勢力和惡意行為者有機會非法竊取資料傷害我們。有愈多個人資料被仲介收集、交易，資料外洩對我們造成的風險就愈高。那麼，我們從交易中得到了什麼好處嗎？沒有。難道我們是喝醉才同意個人資料交易嗎？有時是我們根本沒被徵求同意。

從仲介取得個人資料的成本其實不高，銀行帳戶五十美分，個人完整報告只要九十五美分[25]，一個月花不到二十五美元，你就可以把所有認識的人的底細摸得一清二楚（拜託不要這樣做）。二零一七年五月，非牟利倡議組織Tactical Tech和藝術家摩爾（Joana Moll）從約會網站個人資料公司USDate購入一百萬份會員資料，其中包含五百萬組照片、用戶姓名、電郵地址、國籍、性別、性傾向、個性描述以及其他資訊，再移除或模糊處理可辨別身份的資訊，並逐一為個人照打馬賽克，最後展出。雖然對於資料來源有點疑慮，卻有證據顯示它們來自數個最受歡迎且會員眾多的約會平台，而且只要花一百三十六歐元（一百五十美元）就能取得。[26]這筆交易能成功不但令人咋舌而且非常野蠻，個人資料如此珍貴卻又如此廉價，真是私隱權的最大挫敗。

立意良好的規範所帶來的結果之一，就是制止權力進一步變形，防範經濟影響力轉換成政治影響力（也就是用錢買選票或行賄），同理我們也要防範隨著掌握個人資料而衍生的權力轉換成經濟、政治力量。個人資料不該讓仲介商賺得飽飽，而是要讓公民受惠才對。

即便是在資本主義最根深蒂固的社會，也不是什麼都能買賣，例如人口、選票、器官、運動賽事的結果等，這點大家都有共識。現在也該把個人資料納入禁止買賣的範圍內。不過困難之處在於個人資料聽起來實在太抽象了，所以個人資料仲介才會有漏洞可鑽。個人資料的內容涵蓋範圍包括醫療病史、私人談話、友誼、最懊悔的回憶、創傷、喜悅，包括我們的希望、恐懼，包括進行性行為時發出的聲音和心跳**[27]，不錯，這點也被商人拿來獲利而且次數不勝枚舉，深深傷害我們的利益。

禁止個人資料交易不代表從此都要禁止收集個人資料或是禁止合理使用，某些程度的收集還是必要的。像是就醫時你必須把個人資料告訴醫生才能得到正確診斷，但是你的資料不該被健保局收集，更別說是交易。

個人資料交易告終，也不代表其他種類的資料從此不該被買賣，被禁止的只是「個人資料」交易而已。其他與個人無關的資訊應該要被普及化，才能促進合作與創新。電腦科學家夏伯特（Nigel Shadbolt）和經濟學家漢普森（Roger Hampson）主張，正確的組合應該是公開資料庫再加上安全存放的個人資料。[28]

** 如果你有穿戴式裝置，它一整天都會追蹤、記錄、分析你的心跳，也能藉由記錄得知你是否正在進行性行為。二零一九年，《彭博》、《衛報》、Vice News 披露，亞馬遜、Google、臉書、微軟、Apple 都把語音助理的錄音分析工作交由真人承攬。這些工作人員承認有時候會聽到用戶正在進行性行為。一名 Apple 的吹哨者表示：「我聽過用戶討論癌症、提到過世的親戚，也提到宗教、性、色情、政治、學校、人際關係、毒品等話題，但他們其實無意啟動 Siri。」

我們需要更加明確定義何謂個人資料。現在歐盟一般資料保護規則並不保護匿名化的個人資料，但是第一章提到，有太多自以為去識別化的個人資料可讓人輕鬆反推真實身份。去識別化之所以不可行，在於誰知道未來會發展出什麼技術來反推匿名資料庫的身份？你大可盡情定義何謂匿名，但也最好嚴陣以待迎接未來發展。

我們也應大幅放寬個人資料行業的定義，所謂的個人資料仲介藉由交易個人資料賺錢，不過其他公司的手法就比較曖昧了。例如臉書會將用戶個人資料交由其他公司存取，換取臉書在其他平台上的優勢。臉書將用戶私訊開放給Netflix和Spotify讀取；又將用戶朋友的姓名和聯絡方式交給亞馬遜，這樣一來臉書就能得到更多資料，用來擴充「你可能也認識？」的推薦交友欄位。[29]所以個人資料不應該成為商業市場的一部分，也絕不能為了商業優勢或獲利，以各種方式交易、轉移、分享或揭露。

老話一句，不用等到政策制定者來幫你禁止個人資料交易，只要去看之後的建議就好了。

禁止預設收集個人資料

某些科技巨頭能持續坐大是藉由未經同意掠奪個人資料，而且也不思考這樣的行為將會對用戶以及社會造成什麼後果。如此粗魯的態度，可以用臉書內部準則來概括「快速行動，打破規範」。科技公司的策略就是恣肆妄為，等到有人抗議再說。但如果真有抗議，他們的第一個反應就是忽略性冷處理。要是抗議依然持續，就採用一些說話技巧引誘用戶接受，最後用鬼打牆的罐頭回覆讓批評者疲於應付。除非抗議持續，否則大公司不會讓步，但在讓步之前他們早已偷走了好幾步。《監控資本主義時代》作者祖博夫主張，科技公司知道某些條款要是一開始直接推出我們絕不會同意，所以用這類客戶投訴模式讓用戶慢慢接受。[30]

以上的模式讓人學會妥協，習慣個人資料自動被人收集。更宏觀一點來看，現在全世界所有人都接受收集個人資料，因為我們是在事發多年以後才得知，只要和數碼科技產生連結，所有人的個人資料都被收集。而且這些年來我們還被「教育」：為了要讓裝置運作順暢必須收集個人資料，沒有人例外，我們甚至認為為了保護自身安全，監控個人資料是必須的。要等到公司企業遇到反彈，歐盟一般資料保護規則之類的管制上路，業界才終於做出些微讓步，稍微吐露出他們掌握了哪些個人資料。這樣還不夠，現在我們瞭解更多內情，知道高科技裝置其實不須入侵人們私隱也能順暢運作，也知道確保私隱就是掌握人身安全的關鍵。

然而現狀卻是個人資料收集依然無所不在，幾乎每一個網站、應用程式、裝置都會收集個人資料。可笑的是有些公司認為個人資料可以先收集起來備用，收集了之後卻不知道該怎麼辦。但是就如本書之前所述，收集個人資料並非無害，反而會讓人陷入險境。

目前的立法多數針對個人資料「使用」而非收集，就算歐盟一般資料保護規則提出最低限度原則，規範企業只應該收集最緊要、最相關、最必要的個人資料，多數機構依然躲在「合法利用（legitimate interests）」的模糊性背後繼續處理個人資料。我們必須收緊個人資料收集的定義。

企業、政府機構以及各種網站和應用程式的初始設定應該設定為「不收集個人資料」、「只收集最低程度個人資料」。初始設定很重要，因為大多數人從來不去調整設定。這彷彿在說每個人都必須被收集個人資料，而非不被收集。

何謂「最必要個人資料」需要嚴加定義：為了提供有意義的服務，哪些資料不可或缺？企業應該創造或持續提供服務，而不是（以個人資料保護法為由）強迫用戶購回原本就屬於自己的個人資料或權限來收取服務費（下載自己的資料回來要收資料處理費）。某些服務例如即時路況需要個人資料才能運作，這類服務並不需要收集所有人的個人資料也能有效運作。

私隱科技的創新發展需要更多資金投入，要是大型科技公司被迫到不得不創新，以便在使用個人資料的同時保護私隱，他們就會動起來。如果放任現況持續，新局面或許永遠不會展開。

有個替代方案或許能解決問題，那就是透過「差別私隱」（differential privacy），在資料庫中加入適當的數學雜訊，用數碼迷彩的方式讓資料庫中的身份去識別化。這樣一來就沒辦法一一辨識身份，不過因為雜訊數量真的不多，所以執行數據分析時依然能得到準確結果。聽起來有點複雜，以下將用簡單例子說明。

現在你想要知道倫敦有多少人投票支持脫歐，一般做法是打好幾千通電話，問選民投「留歐」還是「脫歐」。即便你不收集選民的姓名，只記錄電話號碼和他們的投票選項，還是能輕易反推他們的身份，侵犯他們的秘密投票權。至於差別私隱的調查法還是需要打好幾千通電話，但是不要問選民投了哪一個選項，而是要他們丟硬幣。重點來了，硬幣丟出正或反的結果受訪者自己知道就好。第一次要是丟出正面，就要說出當初投了哪一個；反之若丟出反面就丟第二次。如果第二次丟出正面，請說出投票選項；如果還是反面，受訪者就應該「撒謊」。在調查過程中，受訪者不可告訴調查者硬幣是正面還是反面，這樣一來調查過程中的唯一變數就是「撒謊」的機率，而這一定是四分之一（在丟兩次硬幣的過程中連續兩次都反面）所以後續統計可以修正。如此一來資料庫的統計結果就會和沒有數碼迷彩的資料庫一樣準確，而且其中並不包含個人資料，只有知道硬幣正反面的當事者心裡有數。不會有人知道究竟哪些人投了脫歐，只會知道大概投票人數而已。而且每個受訪者都還享有否認的權力，他們大可說自己沒有投脫歐，反正也查不出來（至少以此資料庫調查來說是如此）。[31]

當然差別私隱並不能解決所有個人資料收集問題，而且也需要改良才能提升使用效率。我不是說差別私隱是萬靈丹可以解決所有問題，真的不是，而且要是沒有妥善使用，反而會讓人產生錯誤的安全感。我舉這個例子只是想要說明，還有很多可以保護私隱的創意方式，真的不用侵犯我們的私隱。其他像是同態加密（homomorphic encryption）和協作學習（federated learning）都是值得探索的工具，所以在私隱工具這方面確實需要更多投資，而不是把錢投資在濫用私隱領域來獲利、提升方便性、效率。

要是迫不得已需要收集個人資料，也要徵求用戶具體且出於自願的同意，個人資料後續如何使用和刪除也要說明（下一點將會詳述）。不過光是限制收集個人資料還是不夠的，因為機密個人資料其實可以透過推測得知。

避免未經授權推測個人資料

渴求更加了解用戶的機構可以跳脫限制，從收集機密資料轉為推測用戶個人資料。用戶使用科技所留下的數碼足跡都被當作行為研究的範例，研究結果讓科技公司反推用戶特質。

藉由數碼足跡推測用戶特質的相關理論近年來接二連三出現，以智能手機來說，用戶的使用習慣可以用來預測記憶力、專注程度等認知能力。打字速度、打錯字頻率、尋找聯絡人的速度反映出用戶的記憶力[32]，而臉書上的按讚傾向可以推測出用戶的年紀、性別、性傾向、種族、宗教信仰、政治觀、個人特質、智力高低、幸福程度、是否使用成癮藥物、雙親是否離異。[33]用戶的眼球視線動向可用來判定是否有閱讀困難。推特發文內容以及人臉辨識時的表情可用來判斷用戶是否陷入憂鬱。其他可以被推論的還有很多，總之公司和機構會系統性透過用戶的外部行為推敲出更多私人訊息。[34]

推敲機密個人資料帶來許多隱憂，其中部分類似於侵犯私隱所引發的爭議，有些則是專屬於這個類別。推敲個人資料和秘密收集個人資料一樣麻煩，可能在你不知情下侵犯私隱。更糟糕的是，你一定會做出某些非做不可的外部動作，所以無法保護自己。雖然我們可以盡量避免洩露個人資料，卻無法改變自己的臉、走路的姿勢、在手機上打字的方式。你不由自主的小動作是否被利用？為了哪些目的被利用？我們不得而知。

另一個隱憂就是，關於用戶的推測不但可能失準，還會增加用戶困擾。演算法的推測只是概略性的，只在某些時刻應驗，準確度會大幅變動。然而做出推測的公司卻沒有誘因去調查他們的推測到底是否準確。只要「感覺」有用，就會樂得繼續使用，即便推測不完美也無所謂。

舉例來說，研究人員可以從臉書上的按讚來推測用戶是否吸煙，正確率是73%[35]，那麼假設某公司要徵才並且利用以上推測來淘汰吸煙者，27%的錯誤率並不會讓公司感到煩惱：因為從公司的角度來看，如果應徵者夠多，有篩選勝過沒篩選。但是從你的角度來看，如果本來的非吸煙者被錯誤分類為吸煙者，這就構成不公平的求職經驗，而且你永遠不會知道自己被冤枉了，因為公司永遠不會告訴你為什麼不挑你。

推測個人資料在某些狀況下是允許的，例如你或許會想要醫生分析你用手機打字的速度，盡早診斷出潛在的認知病徵，但是這類推測和個人資料一樣需要被嚴加管制，因為推測出來的結果也會被當成個人資料（儘管結果可能出錯）。利用用戶的外部行為推測機密資訊時，應該要徵求用戶的同意，要是推測有誤，用戶有權抗議、糾正。推測出來的結果也要被當作個人資料。

精準投放廣告、個人資料交易、預設收集個人資料、個人資料推測都被禁止之後，私隱權應該可以大幅提升，但是這樣還不夠。仍須注意使用網絡科技的設定，這些設定不但賣掉了我們的個人資料，還損害了用戶的利益。

履行受託義務

多數國家的法律並沒有強迫嫌疑犯自證其罪，逼迫別人自曝其短感覺有點反人性。加州的聯邦法官禁止警方脅迫嫌疑犯解鎖手機，這樣等同自證其罪。[36]同樣的情形放到網絡上，無辜的網絡使用者卻被迫放棄個人資料所有權，被人拿走的個人資料之後又會陷用戶於不利。其實，該怎麼保護嫌疑犯，就該怎麼保護無辜用戶，個人資料不該被拿來違背用戶的最佳利益。

要達到這項目標，應該讓收集、運用個人資料的機構承擔「信託義務（fiduciary duties）」[37]，業務專員、醫生、律師等對客戶和病患具有保密義務，同理收集個人資料的公司也該承擔相同義務。

「fiduciary（信託）」這個字來自拉丁文的動詞「fidere（信任）」。信任是信託關係的核心。理由有二：第一、受託人被託付了極為珍貴的事務，例如客戶的財務狀況、身體健康、法律事務、個人資料；第二、客戶交出了上述事務處理權，就會受制於受託人。受託人既然接受託付，又知道自己能控制客戶，故必須履行信託義務。[38]

信託義務之所以存在，是防範本應提供服務的專業人士可能因為利益衝突而侵害屈居弱勢的客戶。你的理財策劃師可能會用你的帳戶過度交易，替自己賺取更多佣金，也可能會用你的錢幫自己買證券。醫生可能想找機會練刀，或者想替論文研究提供臨床數據，所以要你進行風險太大或不必要的手術。律師可以把你的秘密賣給另一個與你利益衝突的客戶。此外正如前文所提，收集個人資料的人可能會把個人資料提供給仲介或罪犯等等。

因此要是經濟關係中存在著權力與知識不對等的狀況，且專業人士或公司的利益可能與客戶的利益互相衝突時，其中一方就該承擔信託義務。理財策劃師、醫生、律師和資料專家都比我們更了解金融、醫學、法律和資料領域。他們對你的了解可能還勝過你自己。你的理財策劃師更能掌握你的財務風險。你的醫生更了解你的身體狀況。你的律師更了解你的官司。分析你個人資料的人可能（自以為）比你更了解你的習慣和心理。這些知識不該被用來對付你。

受託人決策必須符合客戶最佳利益，如果雙方發生利益衝突，依然必須把客戶的利益擺在前面。不想承擔信託義務的人，根本不應該被託付貴重資產或處理個人事務。要是醫生不想以患者最佳利益為優先考量，一開始就別來當醫生。如果只是想在人體上動手術以證技術，並不夠資格成為醫生，醫生還要遵守倫理規範。同樣道理，不想承擔信託義務的公司請不要進入個人資料收集這一行。為了進行研究或商業獲利而分析個人資料無所謂，但是要享用特權，就要承擔責任。

有人反對科技巨頭承擔信託義務，他們主張這樣一來會讓科技公司無法對股東負起信託義務。根據特拉華（亦即臉書、Google、Twitter等企業根據地）的法律，企業董事必須「以股東福利為唯一考量，只在股東福利合理相關範圍內考慮其他利益。」[39]

公司應該只替股東謀福利，傷害客戶也無所謂——這法律規範聽起來存在著道德缺陷，當企業帶給無數公民負面影響的時候尤見其弊。以道德考量來說，股東的經濟利益不可以踐踏數十億科技用戶的私隱權和民主利益。要解決以上矛盾可建立一條規矩：只要股東利益和用戶利益衝突，要以用戶的信託義務為優先考量。另一個作法是建立罰則，若違反信託義務須賠償大筆罰款。大公司考量到對股東的信託義務，就不會違反對用戶的信託義務。信託義務可以確保公司和用戶的利益一致，如果企業想拿用戶個人資料冒險，也是拿自己的生意冒險。

配搭信託義務，個人資訊安全看起來改善許多，個人資料的分享、交易、利用不會再對用戶不利。但是個人資訊安全還有一個威脅，那就是資訊安全漏洞。所以網絡資訊安全標準需要更加提升。

提升資訊安全標準

只要我們使用的應用程式、網站、裝置不安全，私隱就無法得到充分保護。個人資料太容易被竊取，而且目前看來科技公司也缺乏投資在提升資訊安全之上。資訊安全升級不但要價不菲，而且就算功夫做好也不會被用戶發現。用戶沒辦法用簡單的方式比較科技產品之間的資訊安全標準。[40]大家大概知道保險庫的門長什麼樣子，但對於應用程式或網站，卻沒有「門」的概念。

企業投資在資訊安全無法賺大錢，要是資訊安全出狀況，企業損失也不一定很嚴重。畢竟個人資料被盜用首當其衝的是用戶。一間公司要是被認為資訊安全出了嚴重紕漏，可能會被罰款。倘若罰款太低（低於資訊安全投資成本），公司就會把罰款當作尚可接受的經商成本。

網絡資訊安全的問題需要集體行動解決。如果每個人的資訊安全意識都提升到一定水準，社會就會變得更加有保障。各機構的機密會得到更妥善的保護，贏得客戶信任，社會公民的個人資料因此安全無虞，同理國家安全也得到保障。但是大多數公司對於投資資訊安全興趣缺缺，因為做了沒明顯好處，成本又高，金錢一來一往就會帶來競爭上的不利。既然改善資訊安全沒有回報，現況持續下去就會出現劣幣逐良幣的局面。

唯有透過管制才能提升資訊安全。許多產品製造過程需要配合相關法規才能讓成品完善，所以藥品、建築、汽車、飛機等製造業才變得更加安全。製造業者首度面對提升安全性的要求時經常抱怨，相當知名的案例就是當安全帶成為汽車標準配備時，車廠相當抗拒，業者認為安全帶視覺上不美觀，駕駛者也討厭繫安全帶。事實上這項裝備能讓行車變得更安全，所以後來車商態度轉變，接受了這項可以讓車商和乘客遠離災難的規定。有時候只有透過強迫管制，才能讓業者願意投資暫時看不到回報的重大計畫。而且因為管制所有業者都會一起投入，所以不會發生競爭上的問題。

我們自從二零零一年以來所失去的大部分私隱，都可以直接或間接歸咎於國安優先考量（希望真的是國安而非其他因素），經驗告訴我們安全和私隱並非「你死我活」的零和賽局。通常私隱被侵犯安全也會受到破壞。網絡會變得不安全，是因為要讓企業和政府透過漏洞取得我們的個人資料，才能保護我們，這是他們的理論。事實上不安全的網絡環境讓個人用戶、公司和社會都暴露在風險中。

如果網絡工具不夠安全，敵對政權就能監視別國政要，意圖顛覆國家者可以非法入侵成千上萬部耗電量極大的智能電器，例如熱水器和冷氣，造成電量需求激增[41]，癱瘓全國電網。[42]更甚者還可以控制核電廠或核子武器。[43]如果發動大規模網絡攻擊，還可以癱瘓全國。[44]世界各國政府在風險報告書中提出兩項最具威脅性的大規模災難，其中一項是網絡黑客攻擊，另外一項則是流行病。

過去數十年間專家不斷發出警告，提醒大規模疫情有可能發生，結果呢？會散播傳染病的行為沒有間斷依舊持續（例如在傳統市場販賣生肉，以及農牧業工業化），人們也沒有認真準備防疫。Covid-19疫情爆發時，醫護人員的保護裝備不足，但我們的公共衛生知識明明已算充分，這讓裝備不足顯得更加不可原諒。人類雖然可以避免從未經歷過的災難發生，然而要能實際做到防災並不容易。這時透過想像力預測未來哪裡可能會出錯，就能有效刺激我們行動。

想像一下要是在封城期間你所在的國家遭受大規模網絡攻擊，所有網絡都不能使用，或許連電力也被切斷，如果你還有室內電話的話或許線路也不通，因此你無法和家人聯絡，無法致電給醫生線上看診。你不能看新聞，而且因為防疫不能出門。天色很快就暗下來，你只剩一根蠟燭能點（現在誰會在家裡擺一箱蠟燭？），電暖爐不能運作，你不知道現在是什麼狀況，不知道何時才能恢復正常——真的會恢復正常嗎？

上述小劇場其實並不誇張，因為Covid-19疫情確實讓網絡攻擊數量攀升。疫情期間居家工作人數增加，連帶提升使用不安全裝置、不安全Wi-Fi的機會，這些漏洞成為攻擊面、可能的入侵節點。在疫情期間英國的電力系統管理就遭受網絡攻擊，還好沒有影響到電力供應。[45]在同一期間世界衛生組織所受到的網絡攻擊是其他時期的五倍。[46]所有人都知道大規模網絡攻擊遲早會發生，就像所有人都知道疫情遲早會爆發。所以必須做更多準備，如果可以防範攻擊事件發生或減輕後果，哪怕只有一點可能，也要採取行動。

要改善網絡資訊安全有一個重點，就是阻隔系統之間的連線。[47]現在流行讓每一個裝置互相連結，例如喇叭接手機，手機接電腦，電腦接電視，到處接來接去。要是放任科技狂熱分子繼續下去，下一個被連接的就是你的腦子，這真的太糟了。在現實生活中建築物和住家會裝設防火門以防火災發生，船艙之間設置防水艙以防進水。同理，網絡空間也要裝設阻隔裝置，因為只要在系統中新增一個連接點，等於新增一個可能的入侵點。如果所有裝置之間都連線，黑客可以從資訊安全程度比較低的小家電，例如智能電水壺，駭入層級比較複雜、機密、安全的裝置，例如智能手機。如果一個國家中所有系統都是相連的，黑客只要透過其中一個系統就能強制關閉整個系統網。

網絡資訊安全一開始只著重補強系統漏洞，到後來資訊安全成為設計科技的必備環節。但是現階段還有許多資訊安全需要提升，例如你的智能手機和發射站連線，中間的連結協議不需經過授權，反正你的手機就是信任發射台，所以IMSI才能擭取你的資料。[48]在設計新科技時必須預設一定會遭受黑客攻擊。很久以前網絡就像鄉下的房子，不用蓋籬笆、不用裝門，也不用上鎖，這種時代早就已經結束了，大家要面對現實。

捍衛被遺忘的權利

不再有個人化廣告，沒有個人資料不法業者，使用者介面不再預設收集個人資料，而個人資料業者也能履行信託義務並且提升資訊安全，以上若能做到，私隱權可說是恢復了大半。但是已收集的個人資料和未來可能被合理收集的個人資料又該怎麼辦？若是暗中以非法手段取得的個人資料應予以刪除，至於以合法手段合理收集的必要性個人資料，也該擬定刪除計畫。如果收集方沒能力處理，那麼一開始就不應該收集個人資料。

作家麥爾荀伯格（Viktor Mayer-Schönberger）在他的著作《大數據：私隱篇——數位時

代，「刪去」是必要的美德》（*Delete: The Virtue of Forgetting in the Digital Age*）中主張，我們應該要在數碼時代恢復「遺忘的美德」。人之所以可以活得健康，很大的原因是因為我們懂得遺忘。試想要是什麼事都記得一清二楚，生活會是什麼模樣。加州的普萊斯（Jill Price）的記憶力異於常人，例如她可以準確回想起從一九八零年到二零零八年間每一年的復活節活動。記憶毫無預警就突然浮現而且相當清晰，讓普萊斯的當下相形失色。記性太好的普萊斯事業並沒有特別突出，心情也不能談得上是愉快。她其實就像個普通人，記憶太活躍的時候，也會感到焦慮且寂寞。

認知心理學家馬可士（Gary Marcus）提出一項假設，他認為普萊斯驚人的記性不能歸因於腦部結構異於常人，而是因為她患有強迫症無法放下過往。[49] 如果現今的記錄系統預設永久記住所有事情，就算不會讓人變得跟普萊斯同樣偏執，也會發展出其他負面特質。

記性太好的人（有時候）會希望能關閉宛如被詛咒般的記憶力。心思被往事拴住，會讓人難以前進；若是不能把快樂和悲傷一起留在過往，你就不能活在當下。你過去的經歷如果依然鮮明，會讓你很難接受眼前的現實。負面的經歷讓你沉淪，快樂的經歷讓你念舊；要是你一再想起誰說過什麼話、做過什麼事，會讓你產生不必要的怨恨。

遺忘對個人來說是一項美德，對社會也是一樣。個人的過往被社會一筆勾消，將帶來重生的機會，從前的輕罪記錄、青少年犯罪記錄、破產、負債記錄都清除的話，可以讓犯錯的人得到第二次機會。什麼都記得的社會，往往也是個不寬容的社會。

從來沒有哪個時代如同今日擁有太多的記憶，不管是個體或社會都不曾遺忘。在電腦出現之前要刪除記錄有主被動的方式，前者就是用碎紙機處理或是火燒，後者則是因為意外、磨損、戰爭等緣故，也有事情無法被記錄下來，隨著記憶淡化而消失。

歷史發展至今，大多記錄作業都是困難的，也要付出許多代價。畢竟紙張並不便宜，存放也需要空間。文字抄寫需要時間和心力，諸多限制逼人做出抉擇，我們才能記住最想記得的。只有極小部分的經驗能夠獲得保存，就算能流傳下來，時限也比現在來得短暫。因為過去還沒有無酸紙，一般紙張很快就會碎裂，各種記錄都受限於載體材質的保存期限。[50]

數碼時代完全翻轉了記憶經濟的運作。跟遺忘比較起來，現在反而是記錄的成本更低也更容易做到。根據麥爾荀伯格的說法，人之所以預設什麼都該被記住是因為四項因素：科技數碼化、儲存空間成本降低、取得資料的過程簡化、全球通訊方便。所有人不管體驗到什麼，都自動被轉換成電磁資料，儲存在愈來愈小的空間裡，而空間成本也愈來愈低。此外只要敲幾個鍵就能取得資料，再用滑鼠點一下，就可以送到世界上任何一個地方。

個人資料收集自動化，儲存成本降低，使得儲存所有資料的雄心壯志轉眼間化為非常實際的計畫。人們從選擇哪些需要記錄，變成選擇哪些需要刪除。而且選擇需要花心力，因為所有裝置都預設記憶功能，遺忘的代價因此超過了記憶。

儲存更多資料想必會讓人更聰明，或是做出更好的選擇，這種說法聽起來動人，事實上什麼都記得卻會妨礙思考和決策的能力。因為啟動遺忘的過程有助於我們篩選出最令人牽掛的回憶。什麼都不選而把所有事情全記下來，代表所有記錄都一樣重要（或一樣不重要），未來你在資訊之海中尋找相關資訊時就會變得困難。51

收集個人資料應具時限性及刪除機制

收集過多資料，反而沒辦法從中看出大致走向，因為我們的腦袋還沒演化出處理海量資訊的能力。這時有兩種作法，第一是透過自己的特定價值觀選擇小部分資料，對於相關背景視而不見，這會降低你的理解能力。想像你為了脫歐公投跟朋友吵架，事後決定重看你們之間所有和脫歐有關的訊息。但這些訊息並不代表你們友誼的全部，只是呈現出你們的不合之處，但是在這裡一直鑽牛角尖會讓你失去這段友誼。還記得數碼時代之前你們共有的美好時光嗎？當你低潮的時候朋友給你打氣的訊息你看過了嗎？你會想起來你們為什麼會成為朋友。

從數據之海理出頭緒的第二個辦法，也是愈來愈頻繁使用的方法，就是透過演算法過濾訊息，整理出大致樣貌，但演算法不具有人類社會的常識去挑選特定重要訊息。例如設計一款分析臉部表情判定誰是罪犯的演算法，這演算法最後可能會挑出沒有微笑的人，因為演算法沒有能力知道警方在訓練它時使用了罪犯的證件照，而拍證件照時大家都不會笑。[52]此外，有太多例子證明歧視性偏見被包含在演算法的訓練資料、編程中，執行任務所套用的假設也包含了偏見，導致演算法失準。我最近遇到一個人，他說比起人類他更相信演算法，因為人犯了太多錯誤。但是有一個事實容易遭到忽視：創造演算法的正是人類。科技非但不能糾正人類的錯誤，反而還會放大錯誤。

因此處理過多資訊會導致我們知道得更少，做出更糟的決策。記憶成為改革的障礙，事實被扭曲，這兩項因素結合起來，使得全面性收集記錄並永久保存變得相當危險。這種記錄捕捉到人最糟糕的一面，並且就此定格，因此讓他們失去全面修正錯誤的機會。舊的個人資料帶人走向根深蒂固的偏見。用以前的資料替未來做決策，會讓人重蹈覆轍。

數碼環境需要增設「有效期限」和「遺忘機制」，還需要設計出讓資料在一定時間後自毀的機制，這點已經有應用程式能夠做到了，例如Signal的文字訊息可以設定有效期限。同理電腦上的檔案、電郵、搜尋記錄、購物記錄、Twitter發文以及其他數碼足跡都應該要自動清除。

不管我們選擇使用哪一種科技，都要設下底線，也就是用戶介面不能預設「無限期保存個人資料」。這樣會讓情況太危險，必須要有方法讓人可以定期刪除不再需要的個人資料。

反對者可能會主張，不可從道德層面出發強迫社會遺忘。他們認為民主國家之所以民主不是因為強迫遺忘；繼續推論下去，就會得到「尊重公民的穩定社會持續發展，自然會累積資料」的結論。然而在人類沒能力永久保存資料且資料必然消失的前提下，以上的說法會很有說服力。但是（現在我們可以永久保存記錄），這一點也不自然，人類天生就具備遺忘的能力，等到現在違背了這個自然過程，才發現要付出太高的代價。數碼環境大幅偏離自然，必須重新導入符合人性的設定。這時候有一點很重要，絕不可出自意識形態而刪除資料。政府不該刪除會讓他們蒙羞的資料，要刪除的只有個人資料，而且僅限於從尊重公民權的出發點，而不歧視資料中的政治性內容。

但是關於保存特定個人資料，還有幾點需要注意。絕大部分的歷史樣貌是透過個人日記才拼湊出來。因此雖然有些資料該完全刪除，但是小部分資料或許可以上鎖限制讀取，或是設下讀取條件（例如某些資料僅限原本主人死後或資料創建一百年後才能閱讀）。或許可將具有時空代表性的資料交付嚴加看管，讓未來的歷史學家研究。

這類資料的鎖定不僅應該合法（注意法律會隨時間改變或失效），也要使用加密技術之類的機制，此外也要具有實際的限定功能，也就是說真的要讓人很難取得資料。如果一份日記在網上公開而且也能透過搜尋引擎找到，會比較容易被不法分子利用，但如果是以紙本形式保存在當地管理單位，僅限相關研究者閱讀的話就不是這樣了。資料的公開程度很重要，這就是歐洲遺忘權的精神。

二零零九年，苟斯德哈（Mario Costeja）用Google搜尋了自己的名字，首批搜尋結果的部分內容出現了西班牙報紙*La Vanguardia*在九十年代後期所刊登的幾則啟事，內容提到苟斯德哈的房子被拍賣償還社會安全債務。這些啟事一開始刊登在實體報紙上，後來被數碼化。

苟斯德哈向西班牙資料保護署（Spanish Data Protection Agency）投訴*La Vanguardia*報社，並主張過去的啟事和現在的他無關，因為他的債務已經還清了。如果過去的欠債污點和自己的姓名產生連結，會傷害他的私人生活以及職業生涯。報社拒絕刪除記錄，資保署也和報社同一陣線，因為那些啟事都是合法刊登的公開記錄，不過資保署要求Google刪除拍賣啟事的連結。如果一個人已經清償債務，下半輩子都不該再背負這個重擔。

Google對資保署的決議提出上訴，案件最終交由歐洲法院審理，二零一四年法院做出有利被遺忘權的裁決。現在還是可以在*La Vanguardia*找到苟斯德哈的啟事，但用Google搜尋不到。儘管被遺忘權的實施引發批評和爭議，它的精神還是有道理的。要求限縮資料取得權限是否具有益處？把這問題交給私人公司判斷有失公正，就算私人公司的裁決可以再上訴並轉交到資料保護署，還是讓人難以信服。最重要的是，被遺忘權是否可讓人免於「過時、不準確、不充分、不相關、欠缺目的性、不具公共價值的個人資料」的傷害。53

如果我們不在數碼時代重啟遺忘功能，那麼個人和社會就會被過去卡住。但是要確認個人資料是否刪除或未刪除並不總是那麼容易，要監看個人資料的使用也並非說看就看，我們進不去機構的資料庫，因此或許需要開發追蹤個人資料的方式。

追蹤個人資料流向

管理個人資料所面臨的巨大挑戰之一在於監管本身的困難度。現在我們只能聽信科技公司某些不太可靠的說法（表示他們有認真管理個人資料）。至於歐洲的個人資料保護單位經常欠缺人手和資金，很難創立監督所有個人資料單位的管制機構，而且現在科技巨企甚至比許多國家的政府更有錢有權。如果用本書所建議的方式減少個人資料使用雖然會簡化管理工作，但也可能是因為流通的個人資料量變少了，因此個人資料管理的困難依然存在。

其中一道阻礙就是個人無法得知哪些單位儲存了他們的個人資料，這種五里霧的狀態加劇了本就令人擔憂的個體與機構間的權力不對等，還讓監管個人資料的機構獨自承擔責任去檢舉個人資料濫用。

比較理想的狀況應是我們可以追蹤自己的個人資料。想像要是有一個應用程式可以透過製圖即時顯示出你的個人資料被誰掌握，如何利用，這個程式讓你可以馬上取回個人資料，那會有多方便？數碼時代有一個很可怕的特質，那就是當你在接收資訊的時候，可能會在不知情、未同意的狀況下，被數十種演算法影響，他們從你的個人資料下判斷，決定你未來的命運。這個當下可能有一個演算法將你標示為不可信任的用戶，另一個演算法（可能是因為判斷標準出錯）把你的醫療等待順位往後延，還有一個演算法認為你不適合受聘為員工。如果演算法透過你的個人資料擅自將你分類為你下決定，這一切你都不知道，你要怎麼發現自己被白白冤枉？如果不能追蹤你的個人資料被誰使用，如何使用，要怎麼確認你的個人資料權益受到尊重？

要讓一般人可以追蹤自己的個人資料，至少有兩項重大技術挑戰。第一是配對個人資料和個人資料擁有者，且確保個人資料在被分享前取得所有者的同意。只需使用者同意就能收集個人資料或是使用電子郵件地址，這還算是比較簡單的狀況。但要是個人資料內容牽涉到兩人以上的就複雜了。要合乎道德標準分享基因資料，至少需要徵求雙親、兄弟姐妹、子女的同意，但如果你的孩子尚未成年，或者他們成年了但不同意分享該怎麼辦？其他堂表親又該怎麼辦？徵求同意的範圍要到什麼程度？現在很難回答以上問題，因為還不確定未來可以透過你的基因資料對你的堂表親們做出什麼推斷。總之如果還有疑慮，就該謹慎行事。或許只有出於重大醫療考量時才能跟醫生分享基因資料。

第二個主要挑戰是設計出一種方法，讓人可以徹底了解個人資料如何被使用，而且這個方法不會進一步危及個人私隱。這是一項艱鉅的任務，而且可能無法達成。因為追蹤個人資料需要標記資料內容，勢必會讓個人資料原有者身份曝光，這樣一來原本的主要目標「提升私隱保護性」最終會遭到破壞。未來發展需要觀察，不過全球資訊網的創造者柏納・李爵士（Sir Tim Berners-Lee）正在開發Solid計畫，發展個人網上資料（Personal Online Data，簡稱 POD）讓用戶全面掌握自己的個人資料。如果Solid或類似的計畫可以克服上述以及其他技術問題，就可以扭轉現在管理個人資料的方式。

官方資料收集　需經公民授權

政府要確保公民安全不需透過大規模監視。資料收集和分析不應在未經授權的情況下進行，且僅能在必要時進行。政府的監控應該具有目標性，並且視情況調整。政府不應該要求企業為監視計畫建立後門，也不該顛覆網絡安全。

應針對監視單位設置強大的監察機構，這機構應有權接觸所有相關資訊，過程提供足夠的透明度，保證公民了解自己國家的監視規定。被監視的人該在監視前就收到通知，但如果事先通知會妨礙司法調查則可在事後通知。被監視的人有權接觸屬於他們的資料，並且被賦予糾正或提供相關資訊的機會。

國與國之間的諜報監視行動應該要和其他的監視行動分開，前者屬於軍方、外交部或國務院的工作；後者為刑事調查任務，交由警方負責。監視諜報行動可以不用曝光。監視的規則應該公開，監視和監控都該具有目標性。[54]

吹哨者應該要受到法律保護以免遭到報復，如果社會是一座煤礦坑，吹哨者就是金絲雀提醒我們道德含量不足。金絲雀比人類更能察覺到一氧化碳等有毒氣體，所以礦工會利用牠們察覺礦坑異狀。吹哨者比其他人更能察覺不道德的狀況，提醒我們社會將發生危險。如果金絲雀出現一氧化碳中毒的徵兆，礦工會用氧氣罐將牠救活，同理我們也要確保吹哨者有自救機制。

要減少詮釋資料（Metadata）被監控，或許可將網絡通訊分散開來，不讓資料只從若干資料中心通過，並且多加使用洋蔥路由技術（onion routing）保護資料。電腦需要詮釋資料才能操作，然後在這過程中又會產生詮釋資料的副產品。大部分的詮釋資料不能加密，要是加密就不能讓電腦之間互相通訊，這使得保護私隱變得棘手。

詮釋資料中的訊息包括製造資料的操作系統、創立的日期和時間點、創立者和創立地點。詮釋資料比表面上來得更為機密，例如可以用來推測某人是否墮胎。前美國國安局的總法律顧問貝克（Stewart Baker）說：「要是你擁有足夠的詮釋資料，就不需要內容了。」前任的美國國安局和中情局局長海登將軍（General Michael Hayden）則說：「我們根據詮釋資料取人性命。」[55]因此必須盡力杜絕威權在人們一無所知的情況下，透過網絡基礎設備取得詮釋數據。

有些監控科技非常危險且容易被濫用，這些科技就和太殘忍、太危險的武器一樣，應該全面禁用。我們也該考慮禁用臉部辨識、步伐辨識、心跳辨識等破壞匿名性的科技——這些都是理想的壓迫工具。[56]IMSI擷取器、手機的越獄軟件和其他性質相同的間諜軟件也應該被列為非法。[57]而高解像度衛星和無人機是我們應該避免使用的第三種監控工具。[58]

衛星警戒計畫（Satellite Sentinel Project）利用衛星影像製作預警系統，遏制蘇丹的大規模暴行。計畫單位曾經釋出蘇丹一條新路的衛星影像，他們認為這條路可能會用於運輸武器，兩天後一個反抗組織在照片中的一個路口附近埋伏，攻擊施工團隊，挾持了二十九名人質。從衛星影像釋出的時間和攻擊發生的時間來看，兩者之間或許有關。[59]釋出高解像度衛星影像可能很危險。馬歇爾（Will Marshall）和他的行星實驗室（Planet Labs）團隊每天都透過衛星拍攝全球表面。現在他們還想為被拍到的東西加上標記讓人方便搜尋，使得任何人都可以透過衛星監視你。這些人做這種事而且完全不考慮私隱，著實令人不安。[60]天空不該監視活在底下的我們。

贊助保護私隱的機構

除了投資開發保護私隱的工具，我們還需要更好的資料管理機構。負責保護資料的管制機構必須獲得更多資金和更優秀的員工。如果這些單位要有效對抗科技巨頭，我們就必須提供他們足夠的資源。本書所提出的部分建議已是歐盟一般資料保護規則以及《加州消費者私隱法案》（*California Consumer Privacy Act*）等法律規範的一部分。但現今的歐洲資料保護機構已經不堪負荷，他們手邊的資源與承擔的任務不成比例。[61]首先，我們需要全力支援私隱機構確保法律確實執行，接下來必須管制數據經濟，讓它消失在記憶中。

更新反壟斷法

反壟斷法要能反映出數碼時代的權力現實。如果一家公司可以設定濫權的服務條款而且不流失客戶，那麼不管這間公司是否向用戶收費，都應該被調查。

尊重孩子的成長自由

每個人都該受到保護，尤其是兒童，因為他們處於特別脆弱的階段。幼兒的私隱有賴家人和學校來保護，但目前的大趨勢卻是從胎兒成形開始，用保護安全的藉口監控孩子。

孩童的私隱特別需要保護有兩個最基本原因。首先，監控可能會危及他們的未來。我們不希望某些機構根據孩子的健康、智力或者在學校的行為、與朋友的互動來判斷他們（而且可能是誤判），剝奪他們的機會。同樣重要甚至可能更重要的另一個因素，就是太常被監視可能會導致孩子精神錯亂。在監視下被養大的孩子無異於實驗受試者，而非社會公民，但我們要的是後者，這是為了他們以及社會著想。

社會需要的是自主性和參與度都很高的公民，而且可以對現況提出質疑和改變。偉大的國家並非由卑微的追隨者所組成。為了成為心智強健的成人，孩子需要探索世界，需要犯錯，並且從中學習，在此同時也知道一兩次微小的犯錯不會被記錄下來，更不可能對未來有影響。要培養無所畏懼的心態，私隱是必要的。

孩童、尤其是青少年，通常比成人更在意他人的看法，可能是因為這時期的他們比較敏感，因此加諸於他們身上的監控更具壓迫性。一直被監視的年輕人比較不可能嘗試新事物。面對新挑戰時一開始誰都有可能表現不好，但隨著時間的推移新手可以透過練習逐漸掌握技巧。前提是他們是在私下出糗，沒有其他人看到。

在這裡令人為難的是，孩童確實需要一定程度的監督來確保他們的安全。然而隱憂在於「安全」被當作不當監控的藉口，必要保護和過度保護之間的界限並不是那麼容易分辨清楚。

主張學校該進行監控的人認為，他們正在「教育」學生成為優秀的「數碼公民」，讓學生習慣畢業後要面對的世界。美國企業Gaggle開發監控學校的軟件，其發言人麥卡樂（Bill McCullough）說：「成人在工作場合中，不可以想到什麼都寫進電郵，因為郵件會被監看。我們正在幫助孩子做準備，讓他們變成事業有成的大人。」[62]不！過度監控只會讓孩子們學到不尊重人權也無所謂。當孩子習慣不重視自己的權利，而我們還期待他們長大後要學會尊重任何權利，這種期盼也太不切實際了吧。

打從一入學就監視兒童，讓他們長大後適應成年的監控，就像在學校推行完全不公平的評分機制，讓孩子接受「人生本來就不公平」。如果我們不能接受那樣的評分制度，也不該接受兒童監視。公正的評分機制不僅提供所有孩子平等的機會，還讓孩子學會期待社會應該秉持公正。這會培養孩子們的態度，長大後遇到不公正的情況，懂得要求、爭取、創造公平的機會。同樣的態度放在爭取私隱也是一樣的。

監控會衍生出自我審查，等同警告學生不要越界，敏感話題不要談論，最好連上網搜尋都不要；任何超過政治和社會安全標準的行為都可能引發校方甚至警方的調查。但青少年就是對一切都感到好奇。舉凡性、毒品和死亡以及其他敏感議題都有機會讓年輕人感到好奇，勸阻他們探索上述主題，不能幫助他們了解其壞處，也不能讓他們變得成熟。從某種意義而言，過度嚴密監控年輕人也會限制他們發展，讓他們成為總是需要監督、不負責任的大人。過度監視兒童，用「思想警察」壓迫他們，把一整代人從不被允許成長的兒童拉拔成人，替未來埋下了很大的風險。

身為家長，你可以做很多事情來保護孩子的私隱。接下來會談到身為個人如何保護私隱，但在那之前有一個常被用來反駁的論點值得回應。

人工智能發展　可減少個人資料濫用

數據經濟狂熱分子肯定會說，個人資料洪流若被抽乾將會阻礙創新。類似說法中最危言聳聽的版本是如果我們管制數據經濟，（可能與我們敵對的）境外勢力發展人工智能的速度將超過我們。在數據方面畫地自限等於阻止社會發展。

關於這一說法，答覆可長可短，短一點我會說：「不會」。所謂的進步是捍衛而非侵犯人權。太多時候政治和社會往往打著科技進步的旗號隱藏退步的事實。透過系統性侵犯人民權利來獲利的經濟模式算不上進步。數據經濟在賺取利潤、科學發展和提升安全性這些方面的好處一直被誇大，而背後的成本卻被科技愛好者淡化。

那麼，更長的答覆呢？即使所謂的進步僅限於科技方面，我的答案依然是否定的。保護私隱未必得犧牲科技發展，而且別忘了個人資料大多用在經濟獲利方面，像Google這樣仰賴個人資料的企業，甚至可能不需創新就能擁有可持續運作的商業模式。但如果科技公司從一開始就直接要消費者購買服務，成功的機會可能不大，因為當時消費者還沒有充分體驗到他們在搜尋引擎、地圖和其他服務幫助下的日常生活是如何。但現在使用者已經深刻體會到服務的價值了。如果我們夠在乎，就付費使用吧。Google在二零一三年就已經表現得非常好了，當時它擁有大約十三億使用者，年收入約為一百三十億美元，換算下來每年從每位使用者賺得約十美元。[63]十美元不就是Google服務的合理價格嗎？這比Netflix等娛樂服務的收費還低，Netflix的月費還略高於十美元。

開發個人資料營利會讓人忍不住收集超過科技進步所需的資料。雖然個人資料還是該被用於科學和科技的目的，但如果收集資料的機構想拿個人資料做實驗，他們需要為了尊重權利而承擔一定的責任，這條件很合理。如果科技公司想要將他們的努力轉化成寶貴服務提供給用戶，那麼大家都會很樂意付費，就像我們在現實環境中也樂意為重視的事情付費一樣。

此外，無限多的個人資料是否可讓科技和科學進步，這一點實在值得商榷。事實反映太多資料可能會阻礙思考和決策。將更多資料輸入爛演算法，不會讓它變成好的演算法。當人類設計人工智能時，要努力打造的應該是智慧，但如果你與人工智能助理互動過，即會發現它們實在不太聰明。

人類可透過經驗學習新知，並將習得的知識應用在類似的新狀況中。同理若人工智能系統變得更聰明，我們就可以期望系統不再需要那麼多資料。[64]人工智能發展最重大的挑戰來自技術方面，針對問題丟進更多資料並不能解決問題。[65]有鑑於此，不用太意外人工智能迄今做出的最先進貢獻，其實並非來自濫用個人資料。

AlphaZero是Google DeepMind開發的一種下圍棋演算法（也會下西洋棋和將棋）。圍棋之所以成為人工智能要掌握的特別技藝，首先要談的就是圍棋的複雜性。圍棋棋盤比西洋棋盤更大，每一手能考慮的替代走法更多。給定一個棋格，西洋棋可能有二十種走法，圍棋則有二百種。棋局的可能配置數量比宇宙中的原子數量還多。再者，「直覺」被認為能在圍棋棋局中發揮重要作用。當專業棋手被問到為什麼要那樣下棋，他們的回答往往類似「感覺就要那樣」。正是這種直觀的性質讓圍棋被認為是一門藝術，棋手是藝術家。若要讓電腦程式擊敗人類棋手，程式必須模仿人類直覺——或者更準確地說，模擬人類直覺運作產生的結果。

AlphaZero最引人注目的是，它的訓練過程是完全透過與自己下棋，沒有使用外部資料。AlphaGo是AlphaZero之前的演算法，它的部分訓練過程參考了數十萬人類棋手的棋局。DeepMind花了幾個月的時間訓練AlphaGo，後來它擊敗世界冠軍李世乭（Lee Sedol）。AlphaZero不用個人資料，在三天內開發出驚人的下棋能力。

醫療資料的應用必要性

醫療在個人資料的世界裏是一個很特別的例子。首先，醫療對我們異常重要；我們都希望長命一點、健康一點，因此也希望醫療盡快進步。再者，醫療個人資料都非常敏感，有可能引來污名、歧視，甚至更糟的情況。第三，醫療方面的個人資料極難甚至不可能以匿名來處理，基因資料就是一個很好的例子——基因是專屬於你的資料，其中包含了你的身份。說白一點，醫療個人資料之所以能派上用場，重點在於要有技術能判定不同的資料是否屬於某特定人士，要是擁有愈多特定對象的個人資料，辨識也愈容易。

那麼，醫療要進步全靠我們交出個人資料嗎？答案是不。第一、我們應對數碼科技的力量抱適度懷疑。第二、使用個人資料協助醫療研究的同時，其實有方法可以取得患者的同意並且盡可能減少病人個人資料外洩的風險。第三、有些最重要的醫療發展根本不需動用個人資料。以下讓我仔細探討這些論點。

缺陷處處的人工智能醫生

數碼科技和大數據不是魔術，不能解決我們的所有問題。有時候更多生命得救並非因為高科技創新，反而只是一些較為「普通」的改變而已，例如衛生習慣改善。不是說高科技不能對醫療做出貢獻，只是我們討論科技時，不應將批判精神拋棄。科技有時會淪為一種意識形態，這時候科學就成為迷信。以下兩例帶你看到數碼科技應用於醫療時，如何雷聲大雨點小。

第一個例子是IBM的人工智能華生（Watson）。二零一一年，華生於美國老牌益智節目《危險邊緣》（*Jeopardy!*）中成功擊敗兩位人類冠軍，IBM隨後宣佈自家的人工智能未來可以行醫，並預期在十八至二十四個月內推出第一代商業版本的人工智能醫生，但在至今承諾仍未兌現。

IBM於二零一四年投資了十億美元於華生身上，及至二零一六年，IBM合共投放了四十億美元收購四間醫療數據公司，但是很多和華生展開合作的醫院都終止計劃。其中，美國安德森癌症中心（MD Anderson Cancer Center）在燒掉六千二百萬美元後，取消了和華生合作發展腫瘤科諮詢工具的計劃。[66]另外德國的基森和馬堡大學醫院（University Hospital of Giessen and Marburg）也放棄了，因為有醫生向華生告知某病人胸痛，華生沒有提出心臟病發的可能，卻說病人可能染上某種罕見傳染病。[67]在另一個例子中有癌症病人嚴重出血，華生卻開出另一種可能讓出血更加嚴重的處方。佛羅里達州木星醫院（Jupiter Hospital）的醫生直言，「這個產品是垃圾（a piece of s---）。」[68]

醫療科技發展令人失望，華生並非特例。於二零一六年，DeepMind和英國倫敦的皇家自由醫院國家健康服務信託基金（Royal Free NHS Trust）達成協議，在病人不知情或未有同意的情況下，DeepMind取得一百六十萬名病人的醫療記錄，意味著DeepMind獲得病人的病理報告、放射檢測結果、愛滋病毒報告、濫用藥物細節，以至曾否墮胎、有否罹癌……甚麼都知道了。[69]英國資訊專員辦公室（ICO）後來判定皇家自由醫院觸犯了個人資料保護法。[70]

這計畫原先是希望利用人工智能來發展應用程式偵測急性腎損傷（AKI, Acute kidney injury），但是研究員很快就發現他們沒有為人工智能收集到夠精準的數據，因此退而求其次，最後發展出另一款程式「Streams」，卻被指「未有對病人的治療結果帶來統計學上有意義的效益」。[71]

當然這兩例並不代表所有嘗試都會以失敗收場，但也讓人思考數碼科技在醫療發展該扮演什麼角色。最近一項綜合分析報告出爐，搜集了大約二萬個號稱和醫生無異的醫療人工智能系統研究，發現當中只有十四項研究（少於0.1%）在方法論的品質方面具有一定水準，其演算法經得起臨床環境測試。[72]

醫療人工智能系統未必能幫助病人，更令人擔心的是系統甚至會傷害病人，例如進行過度治療。有些醫療數碼科技似乎存在著假陽性的問題（即在用戶健康的情況下探測出醫療問題）。舉例來說有些尋找癌細胞的演算法會將完全健康的細胞標示為異常，每幅影像出現八處假陽性錯誤[73]。如果企業或醫生有干預病人的誘因（例如出自於財政、專業或數據上的理由），就有可能發生過度治療。

另一個潛在問題則是故障。由於程式發展牽涉到許多複雜面向，因此依賴數碼科技本來就很危險，而且數碼科技比模擬科技有更多要求，因此發展一直不如後者蓬勃。以電子書和紙本書為例，電子書閱讀器每隔一段時間就需要充電，又可以被黑客入侵，亦會因為掉進沙地或水裏或與任何硬物碰撞而損壞等等。相反，紙本書卻耐用許多——書不用充電，書從頂樓丟下去最後也可能「存活」（但下面途經的人可能無法，所以請不要把書丟到樓下）。當牽涉到救人的裝置，我們當然希望它是和紙本書一樣強大的科技。

上述失敗案例只是要讓讀者看見醫療科技發展美夢以外的現實層面和其他觀點。當然人工智能到最後也可能成為醫療進步的大力推手，但是數碼科技也要和其他科技一樣，拿出確實證據證明其效力，我們才能於下一步考慮交出個人資料。我們也需要得到保證，資料用得其所，利益公平共享，否則我們總是太輕易就讓人工智能過關。

即使我們確實希望使用個人資料和數碼科技進行醫療研究——畢竟個人化醫療真的很誘人——其實還存在著比DeepMind以及皇家自由醫院更道德的手段。

合乎道德規範的醫療研究

招募受試者進行研究要配合醫學倫理，這已經是個傳統，因此用個人資料作醫學研究也要一視同仁。雖然提供個人資料和捐血感覺截然不同——你不用被針戳也不會痛——但兩者其實均具有相似風險。我們現在不會逼人參與臨床研究（在醫學倫理發展前並不是這樣），同理，我們也不應該逼人提供個人資料作醫學研究。我們不應在未取得同意、沒有適當把關措施、未有提出補償前，把大眾當作白老鼠。反之，我們應如同進行其他研究一樣，尋求受試者同意，並針對利用個人資料和刪除機制等設立規範，也要酌量補償研究對象，就和其他研究一樣。

有時候公共健康機構沒有相應的資源或科技去分析數據，因此機構透過與業界合作而獲益。這時我們應該清清楚楚地確保兩者之間的協議有利於個人資料原主人以及病人。皇家自由醫院犯下一連串錯誤，其中兩項尤其嚴重：一是未有取得任何法律保證，防止DeepMind將個人資料用於開發程式以外的用途。DeepMind只承諾，不會將病患個人資料與Google所持的資料配對，但由於DeepMind的健康部門被Google收購，私隱專家均恐怕承諾已被打破。[74]

第二個大錯，是皇家自由醫院未能保證病人能從由資料發展而來的產品中得到好處。[75]公共健康機構擁有這麼多珍貴的醫療資料，理應在談判中佔優勢，並且利用優勢限制企業進一步取得資料，例如規定企業能獲得資料但不能保存。這些機構也應索取法律保證，確保研發出來的產品都能讓公共健康機構及大眾用可負擔得起的價格購得。

要是企業不把公眾利益當作主要目標，和企業合作就難以確保個人資料安全。如果我們幸運，或許人工智能所能貢獻的最重大醫療進步，將不會是利用個人資料的產物。

人工智能對藥物研究的巨大貢獻

我們看到作為人工智能代表的AlphaZero是一件非凡傑作，但它（現在仍然）未能實際應用在日常生活上。不過人工智能仍然可能改變（甚或拯救）我們的生命，那就是發明新藥物。

上世紀最重大的醫療進步堪稱抗生素。在抗生素出現前，全球最主要的死因為細菌性傳染病。如今發展中國家大部分人民的壽命都大幅延長，最主要的死因也變成非傳染性疾病，如心臟病及癌症。***可惜的是，萬靈丹的藥效正面臨抗藥性的威脅。細菌經過突變等演化過程愈來愈不怕抗生素。抗生素用得愈多，細菌就愈有機會發展出抗藥性。失去有效抗生素的世界將面對真實且駭人的危機：現時被視為低風險的外科手術有可能變得高風險；更多女性將會死於生產；看牙醫或是一夜情也可能造成奪人性命的感染；化療及器官移植等打擊免疫系統的療程變得危險得多……如果人類的壽命大幅縮減，主要原因可能就是細菌對抗生素的抗藥性。

*** 雖說大多數人死於非傳染性疾病，但新冠病毒大流行造成的死亡人數，是否能視為例外，在執筆時仍是未知數。

我們非常需要新抗生素，發掘及發展的過程卻漫長而昂貴，可是麻省理工學院的研究人員認為他們已找到發明新抗生素的方法。研究人員將成千上萬的藥物及天然化合物的原子及分子結構特色輸入電腦程式，成功訓練演算法辨認出能殺死細菌的分子結構。研究員接著再把含有千項化合物的資料交予演算法，演算法選出一組可能具有強大殺菌力的分子——更重要的是，這組分子和現有的抗生素具有不同的化學結構。

這個電腦模型可以在短短數天內，篩查超過一億個化學結構，這是在普通化驗室難以做到的。[76]理想的話，新抗生素「halicin」有望成為對抗尚無抗藥性細菌的強大新武器。至於對抗病毒以及真菌的藥物發展，也有望出現類似進步。如果人工智能可以幫助我們打贏對抗超級病菌的戰役，定能於醫療界獲得一席之地。

以上兩項人工智能最大成就，無獨有偶都不牽涉任何個人資料——看來這不是巧合，而是個人資料經常不準確，也往往在相對短時間內就過時。

結論是，我們不會因為保護私隱而打擊人工智能發展。我們可以謹慎利用個人資料且不用把它當作商品。真正的社會進步，是保障人民權利，並維護大眾的福祉，個人資料交易在這兩個面向根本毫無用武之地。

提防特殊情況下的私隱危機

撰寫這一章時新冠病毒疫情仍然肆虐中，全球的科技及電訊企業均向政府提供自己的數據收集及分析服務，希望阻止病毒傳播，例如Google及蘋果公司同意聯手調整軟件，支援開發追蹤傳染的應用程式。這是私隱受到嚴重影響的時間點。當空氣中瀰漫著恐懼，人們就更傾向放棄公民自由追求安全感。可是病毒追蹤程式真的有讓我們更安全嗎？答案仍是未知數。

首宗有記錄的新冠死亡個案發生在意大利Vo鎮，帕多瓦大學在當地進行研究，為所有居民進行測試，結果發現無症狀感染者於疫情中是最緊要的角色。研究人員發現，在隔離十四天後有六十六人依然為陽性，再過兩週，還有六人仍屬陽性而要繼續隔離，及後就再也沒有新個案，疫情於是受到控制，整個過程中並沒有應用到任何程式。[77]

追蹤感染的應用程式準確度一定比實際檢測還低，卻會讓沒感染（但接觸過感染者）的人留在家中，受感染而應隔離的人卻到處趴趴走。應用程式不能取代檢測——它們只是一種替代方案，而不能確實檢測出某人是否受到感染。

我們真正需要知道的是某人是否被感染，而應用程式想做到的是找方法推斷感染鏈，但問題是程式判定的「接觸」與感染是不同的。應用程式通常把「接觸」定義為與某人近距離（兩公尺）相處十五分鐘或以上。首先要知道的是，應用程式於手機上運作，如果手機不在身邊就沒用了；反之如果所有人整天都拿著手機（如是法例要求則非常擾民），我們可以透過GPS或藍牙定位追蹤，但結果同樣不理想，因為程式可能會錯判某些人有接觸，事實上他們只是身處同一建築物的不同樓層，或是處於相同樓層但有薄牆阻隔——如果他們被告知有感染風險，就成為假陽性個案。這些程式也可以製造出大量假陰性個案。假如你在街上遇到很久不見的朋友，所以毫不猶豫立即擁抱和吻了對方一下（如你不是來自地中海或拉丁裔背景，可能是握手），這樣你就可能被感染，但因為接觸沒超過十五分鐘，程式不會作出任何警示。同樣，若你接觸過受污染的物件而被感染，程式也不會推測到你有被感染的風險。

在大多數的國家只有入院者需要進行檢測，因此透過應用程式去追蹤所有人並不合理。程式只會在用戶接觸感染者後才發出通知，但這時病毒早已傳染開來並進一步傳播，而當中不少人沒出現症狀，令散播情況一發不可收拾。

大部分染疫者都不會入院，因此不會進行檢測（執筆時全球大部分國家政策如此）。如要阻止病毒傳播，就需要大型檢測，如果可以普篩，應用程式是否還有用就要打個問號。如果我們每日都能在家中進行便宜又簡單的自我檢測，就更不需要應用程式了——不用通知也知道誰被感染，誰要留在家，誰又可以外出。在疫情大流行六個月後，大部分國家的檢測量依然不足以讓我們找出感染者以制止傳播。

應用程式除了不準確以外也帶來私隱及安全風險，畢竟裝置最容易被入侵的方式就是開啟藍牙。科技狂熱分子或許能透過應用程式反推誰傳染了自己或自己的家人朋友——對一種能致死的疾病來說，這是一項危險的資訊。又或者有人能利用程式監控用家，又或是根據感染者的所在地來製造熱點圖（heatmap）。倫敦帝國學院助理教授凡喬瓦及團隊估計，只要有1%的倫敦人在手機上安裝追蹤程式，就足以令黑客掌握超過半座城的人口實時位置[78]。請謹記，私隱是集體的。

那麼為何很多國家寧願利用追蹤程式，也不進行大型檢測？大概因為前者成本較低，也可能因為科技企業於現今社會佔有重要分量。每當危機出現，我們就會向企業求助。如果疫情發生時世上最大型的企業是製造業，那麼業者就會被要求生產洗手液、口罩、手套和呼吸機；而科技企業能提供的就是應用程式。其實我們最需要的不見得是程式，但很不巧的是我們身處於監控經濟的時代，這時推出追蹤應用程式對科技企業來說簡直順理成章。

應用程式被重用，可能是因為人往往把科技想得太神奇。人們常常期望科技能解決我們的所有問題；可能收集數據有經濟誘因；可能政府應對危機時無從著手，因此接受各種可能有效的建議，還能讓公眾理解政府有在做事（至於有沒有用，甚至會否適得其反則是另一回事）；又可能以上皆是。不過，沒有應用程式能夠取代醫療需求，我們需要的是能作診斷的醫療檢測、防護裝備和預防病毒的疫苗，以及治療病人的藥物和其他資源。應用程式不是魔杖，而更多的數據和更少的私隱，並不能解決所有問題。

二零二零年的疫情並不是第一個威脅私隱的緊急情況，也不會是最後一個。我們需要學習更加妥善處理危機狀況。前美國總統奧巴馬任內的白宮幕僚長伊曼紐爾（Rahm Emanuel）說過，「不要白白浪費嚴重的危機」，因為「這是一個機會，去做你以為不能做的事。」[79]。作家克萊恩（Naomi Klein）的著作《震撼主義：災難經濟的興起》（*The Shock Doctrine*），廣泛收錄了多起當權者利用災難通過極端政策鞏固國家權力的案例[80]。危機來臨，人民注意力被轉移，心裡感到害怕，也更容易被領導者支配，種種因素組合起來往往不利民主體制。非常時期會用到非常手段，而在一般時期，非常手段根本不會被人民接受。再者，有些改變本應是臨時的，往往卻持續良久。

記住，這就是讓我們掉進現今私隱陷阱的第一步。我們接受了九一一事件之後的非常應變措施，這些措施仍在影響我們；中國因二零零八年的奧運和二零一零年的世博會等活動也加強了社會保安與監控，從此成為常態[81]。世界各國許多防範疫情的監控措施都很嚴苛，人民感到恐懼是合理的。我們應該謹慎看待自己的個人資料如何被使用。

科技巨企紛紛把握機會將觸手伸進我們的私生活中。除了推出追蹤程式，他們也把封城的情況當成實驗的機會，看看未來若是採取無接觸措施是否有利可圖，能否持久。[82]數碼監控正於娛樂、工作、教育及健康範疇站穩腳，科技界富豪如史密特正推動「政府與業界之間前所未有的合作」[83]；獲美國中情局支持的科技公司Palantir，曾協助美國國安局監控全球，現在也參與了英國國民保健署[84]、美國衞生及公共服務部，以及疾病管制與預防中心的工作[85]。英國國民保健署向Palantir提供病人、僱員及公眾的資料，由聯絡方式到性別、種族、工作、身心健康狀況、政治及宗教信仰以及過往刑事記錄都有。[86]

有人期望疫情能帶來社會福利改革，以及令國家更團結，就似二次大戰結束時那樣。可是，現時的福利已和私人企業及數碼監控工具和平台密不可分[87]。捆綁福利來換取數據，無異於向弱勢人士開刀。二零二零年二月，荷蘭法院裁定福利監控系統違反人權，並要求偵測福利詐騙的計劃立即終止，[88]其他國家也應心生警惕。政府不能坐視人民的基本自由被有系統地侵犯，而我們也不應犧牲私穩，才能享受其他權利，尤其是教育、醫療和人身安全。

於紐約，新冠疫情的死亡人數超越九一一事件，我們今次又會否重蹈覆轍？為防範恐怖主義和疫情等威脅而合理化侵犯私隱令人堪憂，威脅是永遠不會消失的。恐怖襲擊和流行病的危機是恆久存在的。我們也看到大型監控不會免除恐怖主義的威脅，至於應對流行病是否有效，雖然未有結論但也令人高度懷疑。即使真的有效，又要付出多少代價？如果你把自己關在地下室也會很安全，不用害怕恐怖主義和流行病——但那值得嗎？犧牲公民自由又能換得多少安全性提升？難道我們不能想辦法，在不入侵私隱的情況下提升安全嗎？禁止工廠化農業和販賣野生活體動物的傳統市場等手段，或許更能防止疫症爆發，而且更可能保障動物的權益。

每當危機爆發，我們就很容易不擇手段，希望阻止災難造成嚴重破壞。但除了思考如何應付步步逼近的危機，我們也要想想風雨過後世界將會是什麼樣貌。[89]危機過去，政策卻往往留下。為了當前的問題，而種下更大的潛在禍根，並不是真正的解決辦法。遇到危機準備犧牲私隱的那一刻，我們必定要確保這是必需的一步，而且之後有方法於緊急情況結束後重掌獲權利，否則人們可能為了逃難，結果墮入更大深淵。

科技巨企即使看來如此強大又難以抵擋，我們卻仍可趕及改革數據生態系統。現時的經濟仍有很多範疇未被數碼化。在新冠疫情前，西方國家只有十分一的零售交易於網上進行，只有五分一的電腦運算於雲端進行。[90]疫情將我們進一步推向數碼世界，我們需要多加注意。如果我們放任科技巨企繼續在沒有嚴謹規範下，隨意把東西轉換為數據並且為所欲為，不久之後做什麼都太遲了。現在就是行動的時機。

第10章　你可以做什麼？

大部分的社會、經濟、政治及科技變革，無論是正面或負面的發展，都曾讓絕大多數的民眾感到不可思議：女權、電力、自由民主、飛機、共產主義、大屠殺、切爾諾貝爾核災難、互聯網……全都像是天方夜譚，然而都發生了。

世界可以急速、劇烈地變動。於二零二零年三月初，單調的日常生活看來再穩定不過：街上人來人往，超市貨架擺滿貨物，醫院正常運作，又有誰想到數星期後，全球三分一人口會因為新冠疫情而被禁足，而大部分的國際旅遊活動都中斷了，出門採買食材竟變得風險重重，甚至像一場辛苦的遠征；確診個案太多令醫療服務不勝負荷。

以上變化，佛家稱之為無常。世事常變令我們感到害怕，事情發展隨時可以急轉直下，但無常也代表情況可以好轉——我們可以改善狀況。變化註定會發生，但我們可以把握這些轉捩點，確保每次的改變都朝向更好的方向。

從宏觀角度來看，權利的發展史就是逐漸認定人類並非可剝削的資源，而是需要尊重的個體，不被其他人所擁有。如此看來勞工權益最具代表性，因為勞工權益總因經濟壓力而遭到漠視。首先，我們確定所有人都有權成為自己的主人，因此不能強逼他人作出違反意願的行為。接著，我們確定人類都能享有特定的工作保障：安全的工作環境、合理的工時、適當的報酬，以及法定假期等等。

不理會勞工權益或許就能賺大錢，這種思維請想都別想，因為勞工權益屬於人權，是不能踰越的紅線。如果資本主義要與人類社會共存、要與民主及公義並行，我們就要為它設限。我們需要確保企業找對方法賺錢，而不會破壞我們最珍視的一切。

過往在立法肯定權利、改善社會的過程中，社會運動擔當重要的角色。某些剝削行為因法例規管而絕跡，但真正推動改變的其實是你我——人們改變文化，從而令法例得以實施。因此要改變私隱環境，我們需要提筆，說服他人保障自己以及大眾的私隱，我們也要組織團體，並且揭發監控社會內的濫權系統運作；我們需要支持替代方案，想像新的可能，以及拒絕成為自我監控的幫兇。

任何系統都倚仗人們的合作；當人們停止合作，系統就會崩壞。往往要等到合作停止，才會發現合作的必要性，團體缺乏合作會慢慢陷入癱瘓。個人資料交易正在等待我們的合作，如果我們向監控資本主義說不，就可推動改變；如果我們尋找保障私隱的替代方案，就能提高替代方案的使用率。

讀者在這一章會看到提升自己及他人私隱保障的建議，方法由非常簡單到較為迂迴都有。不是所有人都會不惜一切保障私隱，事關在這個數碼時代的階段，保護個人資料或許會造成不便。你願意防禦到什麼地步，視乎你對保障私隱的使命感有多強，以及你本身的狀況。如果你是身處於非民主國家的社運人士，可能會更願意行動；如果你是生於安全的國家，擁有穩定的工作，短期內不打算申請按揭，就可能會比較隨性。選擇是你自己的，但在你對私隱問題放下戒心前，需考慮三個情況。

首先，「方便」雖然吸引人，但也名過其實。便利就如歡愉一樣，是美好生活的重要成分，讓我們過得更輕鬆；所以當我們放棄便利，生活就會變得極度不舒服及低效。但方便也是危險的，令我們慣於一成不變的生活方式：吃垃圾食物，支持危害社會的企業，過著單調而不滿的日常生活，不接受教育，變得政治冷感。反過來說，運動、閱讀、學習、發明新生活及新互動方式，以及爭取公義都是不方便的，然而卻充滿意義。生命中最令人滿意的成就，很少是簡單容易的。優質的生活需要有合理的掙扎，在便利帶來的舒適以及有意義的努力帶來的收穫之間取得平衡。如同歡愉一樣，我們需要衡量其代價及可能後果[1]。

第二，你今天的選擇，將決定未來能享有多少私隱。就算今天你認為自己沒事需隱瞞，也難保幾年後有沒有，到時候再後悔就可能太遲了，交出去的個人資料覆水難收；就算你的國家今天尊重你的人權，又能否確保五年或十年後也如是？

第三，你擁有的私隱分量，會影響你的摯愛、你認識的人、你的同胞，以及和你同類的人。私隱是集體而政治化的，並不只是你自己的事。

謹記以上三點，你能採取以下行動保障私隱。

分享前請三思

你自己就是私隱的最大威脅。人類是社交動物，很多網上平台如臉書都設計得像用戶的客廳，但和現實不同的是，網絡平台上有無數的企業及政府在監視。下次你打算貼些什麼的時候，問問自己這個動作可能為你帶來何種威脅——讓自己盡情想像吧，因為有時必須發揮創造力，才能想像你的私人資料或相片會被如何挪用。舉例來說，大部分人都覺得上傳自己的手掌或手指的相片無所謂，但其實單從相片就可以閱讀甚至複製到指模[2]。基本上，你於網上分享得愈少愈好。有時你想分享的事情的確重要得令你值得冒險，但謹記不要盲目分享。

尊重他人的私隱

私隱禮儀很重要，要尊重他人的權利。發布他人相片前要取得同意。如果你這樣做，他們之後想貼你的照片時也會先問準你。以前大家都很單純，以為照片被別人上傳後移除標籤（untag）就沒事了，但現在不管有無標籤，臉部識別技術都能把你認出來。

如果有人在未經你同意下拍到你，不要猶豫，就直接請他們不要貼於社交平台上。我在關注私隱問題的初期，都覺得如此要求難以啟齒，但我得到的回應卻讓我對大家的私隱意識產生信心——多數人對私隱問題都有共鳴。讓我意外的是，對於我的要求大部分人不單不會煩厭或漠不關心，反而對我的動機很有興趣。他們很意外自己竟然沒想過，未經他人同意就上載照片，其實還蠻不體貼的。隨著大家愈來愈意識到在網絡分享資料的風險，於網上媒體發帖前需取得同意的狀況也會變得常見。

當你請客人來家裡，要告知他們你擁有哪些智能裝置，連Google的硬件部門主管奧斯特羅（Rick Osterloh）也推薦要這樣做。當時他在某活動中被問到件事，他說：「天！我從來沒有思考過類似問題」，顯示出科技設計師有多容易忽略私隱及我們的基本福祉。奧斯特羅至少是誠實的，他承認用戶若擁有智能喇叭需要和訪客交代。[3]對於科技企業的高層來說，奧斯特羅的態度已算是坦白。

除了成年人訪客，小孩也有私隱。未得家長同意就上傳他們小孩的相片到社交媒體上並不正確，即使那是他們的全家福也不行。[4]你也應該尊重自己孩子的私隱。博哈里（Sonia Bokhari）的父母在她十三歲以前，都不允許她使用社交媒體，當她年紀到了加入Twitter及臉書時，卻發現媽媽及姐姐多年來一直都在分享跟她有關的相片及故事。報道指她感到「非常尷尬，感到深刻的背叛」。[5]小孩和青少年都擁有私隱權。

不要為了好玩做基因測試。首先這些測試並不準確，你也會因此賠上私隱，還有你父母、兄弟姊妹、下一代及無數家族人士的私隱，並且影響延至後代。

不要出賣他人的信任。不要以公開私訊或相片威脅別人去做你所想的事，這是勒索和敲詐的罪行，違反道德而且犯法。不要公開家人朋友的私訊或相片——別人讓你進入他們的生活，你卻把生活點滴曝光，就可能構成背叛，更滋生不信任的文化。不要成為暴露文化的共犯，如果有人向你展示侵害私隱的內容，你應提出反對，不要分享出去。

創造私隱空間

我們能享有私隱的空間萎縮了，我們需要有意識地創造私隱地帶，奪回部分領域，讓創造力及自由不受干擾自在翱翔。若你想舉辦一場特別親密及舒適的派對，那就請你的來賓不要拍照或拍片，或不要把影音在網上公開。若你希望學生在課堂上自由辯論，那就設立規矩，表明參與者不得記錄及公開班上的狀況。若你想舉辦學術會議鼓勵大家探索爭議性題目，或是討論一些未完成的工作，那就關掉攝錄機及咪高峰。當你和家人享受天倫之樂時，放下電話，將電話放到另一間房至少一段時間。有些互動形式在監控下永遠無法豐盛開展，若我們不為這些形式拓展空間，就會錯過這些互動。

勇於說「不」

可能是因為人都是社交動物，我們似乎傾向答應他人提出的任何微小要求。當別人問你貴姓大名，你不會覺得照實回答有什麼大不了。如果你說「對不起，我不想回答」，聽起來卻像個反社會人士。這種事事答應的傾向於網上世界更嚴重，詢問能否收集個人資料的通知跳出，感覺就似絆腳石，阻礙我們進入網站，最容易擺脫阻礙的方式就是同意。要抵擋說「好」的誘惑，就要時時警惕，但這絕對值得。私隱損失就如生態受損或健康惡化：災難不會在你亂丟一件垃圾或吸了一支煙後馬上發生，反而是久而久之累積後爆發。即使感覺不出來，但你答應或拒絕的每一項數據都會產生影響。

某些網站特別難接受被用戶拒絕——那些網站沒有一鍵拒絕所有資料收集，而要用戶逐個逐個按「不」。若你拒絕使用cookie，網站不會記住，而要你每次都重新設定，令人感到煩厭，而且這設計也不公平。如果你覺得受挫，關掉網站去用其他網絡便是。

選擇私隱度更高的產品及服務

太多途徑可以剝奪我們的私隱。有時候我們會覺得失去私隱無可避免，但事實並不總是如此。雖然有些資料收集的確無法避免，但我們其實比表面上有更多選擇。如果我們有選擇，謹記選擇有利私隱的選項——不只為了保護個人資料，也為了讓政府及企業知道，我們注重私隱。以下我會列出購買或使用產品及服務時需要注意的地方，也讓你知道支配性及入侵性強的產品及服務有哪些替代選項。科技日新月異，以下清單或許沒列出最新的產品，因此你可能要搜尋一下。但最重要的是，不要盲目追求品牌，而要追求更高的私隱權保障。

裝置

可以的話請選擇「低能型」而非「智能型」裝置。智能電水壺並不一定比傳統舊款好，此外也蘊含私隱風險。任何能接駁互聯網的裝置都可被入侵。如果你不想被聽到、被看到，就不要選擇內建相機或咪高峰的產品。

在購買Alexa或Google Home等數碼助手前請三思，此舉無疑是將咪高峰帶入家中，或因此破壞你和摯愛的親密關係。如果你已擁有類似裝置，你可以把它們斷線，拿來當紙鎮也不錯。如果你還是決定將數碼助手留在家中，就要徹底研究設定，並選擇私隱度最高的。

購買手提電腦或智能電話時，尤其需要睿智的抉擇。這些裝置都有相機和咪高峰又能上網，也會儲存一些你最私人的資料——這些都是選擇可信賴產品的理由。挑選品牌時，要考慮其原產地及生產者的潛在利益衝突（例如你慣用的電話生產商主要依靠剝削個人資料營利的話，那就選別家吧）。

定期閱讀最新的私隱新聞也有幫助。在二零一八年，美國中央情報局、聯邦調查局及國家安全局提醒國民避免購買華為及中興的裝置，因他們懷疑這些產品被裝設政府控制的後門[6]。

二零一九年一項調查分析了二百一十四個品牌所製造的逾一千七百個裝置，發現裝置上逾八萬二千個內置Android程式都非常不安全。[7]內置程式往往享有特定優勢，若你不是專家，就很難把程式徹底刪除，程式也可能在你不知情下收集及傳送你的個人資料予第三方。除非你熟知科技，知道如何為電話設置私隱保障，否則應該對Android敬而遠之。同時，沒在用的程式就刪一刪，那些保障最弱的程式正正就是手機的弱點。

通訊程式

通訊程式最重要的一環，就是要有端到端加密（End-to-end encryption），同時你信任供應商不會濫用你的元資料，也不會在雲端上不安全地儲存資料。雖然WhatsApp提供端到端加密，但此程式被臉書持有後開始產生私隱風險。被臉書收購後，WhatsApp的共同創辦人之一艾克頓（Brian Acton）曾承認「我出賣了用戶的私隱。」[8]

以外來威脅的角度來看，最安全的應用程式可能是Signal。其中一項我最愛的功能是為訊息設置過期日，甚至可以閱後即焚。Telegram也值得一提，其優勢是當你刪除一項訊息，你可以隨時在所有手機上刪除，而不只自己那一部。這是一項保障自己免於群組內部威脅的良好功能，畢竟有時你會發現自己說了不應說的話，或是錯信了不可靠的人。回收訊息功能理應是所有通訊程式皆備。可是Telegram有兩項主要缺點，首先是密碼專家傾向不信任其加密功能——有可能比Signal不安全[9]；其次是對話本身沒有預設加密，你需要選擇「保密對話」才可以。Signal和Telegram也簡單易用，同樣是免費，你或會驚訝地發現不少朋友已是用戶，如果還未安裝的，就邀請他們吧，相信很多人也樂意使用一個更安全的通訊程式。

電郵

電郵的不安全度惡名昭彰。感覺上電郵或許和信件一樣私人，但其實電郵無異於沒有信封的明信片。避免用公務電郵處理非關工作之事（有時就算有關工作也要避免）。你的僱主或許可以登入你的公務電郵，而如果你替公共機構工作，民眾有權索取電郵內容，帶給你更多書寫限制。當選擇電郵服務供應商，要看看它們有否提供簡易加密等私隱保障功能，也要考慮供應商所在國家。現時來說，美國對於企業個人資料管理的法例比較寬鬆。你可以考慮的服務商包括ProtonMail（瑞士）、Tutanota（德國）及Runbox（挪威），如果你有耐性而又熟悉科技，可以使用PGP（Pretty Good Privacy）為電郵加密。

隨便哪間企業或誰問你的電郵地址你就交出去，這樣是不行的。記住，電郵內容可以內嵌追蹤器。如果有商店詢問你的電郵地址，你往往都能禮貌拒絕；如果店員表示需要你的電郵地址來寄發促銷郵件，不需要提供一個明確的。為了表明立場，我常常說我的電郵地址是noneofyourbusiness@privacy.com（與你無關@私隱.com）。

如你需要透過電郵來接收網絡連結而被迫公開電郵地址，你可以試試看用後備電郵應付不可信的組織，申請時盡量少放個人資料。為了盡可能避開追蹤器，設定封鎖信件中的內含圖像。另一個不錯的技巧是「電郵分身術」。假設你用myemail@email.com來收垃圾電郵，下次要是有不可信的企業跟你要電郵，就把上述電郵加上該企業的名字，快速做出新電郵「myemail+企業名字@email.com」。你還是會收到他們的垃圾電郵，但你可以看他們的滋擾程度決定是否要封鎖。如果後來這個電郵地址外洩，誰是兇手就很明顯了[10]。

搜尋引擎

你的互聯網搜尋器包含了與你有關的最敏感資料。你搜尋了你不知道的事情、你想要的東西、你的擔憂。你搜尋的主題就是你心中所想，你於搜尋器上的活動就成為你所思所想的窗口。避免使用Google作為主要搜尋器，將你的預設搜尋器轉為不會收集非必要數據的網站，例如DuckDuckGo及Qwant。如果你於搜尋上遇到困難，隨時可以重投Google懷抱，但以我的經驗來說走回頭路是愈來愈不必要。

瀏覽器

用不同瀏覽器進行不同網絡活動是個好方法，可讓你抑制連結身份的個人資料量。不同瀏覽器之間不會分享cookie（cookie即是你造訪網站，站方發出的資料小封包，被瀏覽器儲存在你的電腦中）。網站會利用認證cookie在你重訪時辨識出你的身份。追蹤cookie往往被用於瀏覽歷史，從而讓廣告商知道要向你投放什麼資訊。一定要登入才能用的網頁可集中在一個瀏覽器上，只是隨便逛逛網絡的話可用另一個瀏覽器。Brave瀏覽器具有私隱考慮，擁有許多優點，其中一個是內建攔截廣告、阻斷追蹤的功能，速度快過其他瀏覽器。Vivaldi和Opera也不錯，Firefox及Safari也是，都能搭載合適的外掛。Firefox有一個功能「多帳戶容器（Multi-Account Container）」，會根據你的容器設定把cookie分類處理[11]，用這個容器開啟的網站，看不見被另一個容器打開的網站。不過你需要登入Firefox帳戶才能使用這項功能。

使用私隱外掛及工具

保障私隱的外掛程式能配合瀏覽器發揮功能。若你的瀏覽器不具備自動攔截追蹤器及廣告的功能，就可利用外掛來補充。

廣告攔截程式（Adblockers）很容易就能找到下載來源並安裝，約47%民眾都會擋廣告[12]。當你享受過廣告攔截程式帶來的平靜體驗，你就會反問自己，為何要長時間忍受煩人的廣告彈出令你分心？利用廣告攔截程式可以明確傳達一個訊息：我們反對惡質廣告文化。有些業者只刊登尊重人的廣告，例如內容比對廣告；他們不太令人煩心又尊重你的私隱，若你想對這些業者公平一點，可以把他們放進廣告攔截程式的白名單中。

由美國電子前哨基金會研發的Privacy Badger，可以攔截追蹤器及間諜廣告。DuckDuckGo

Privacy Essentials同樣也能攔截追蹤器，並能提升加密保護，以及為網站作出A至F的私隱度評分，讓你知道保障程度的高低。裝外掛除了保障私隱，也能透過攔截入侵性工具提升瀏覽速度。HTTPS Everywhere是另一個由電子前哨基金會研發的工具，加密你與很多主要網站之間的通訊。其他外掛還可以在你關閉瀏覽器分頁時，自動刪除cookie，或在一段時間後清除瀏覽記錄。

但請記住外掛程式不一定可靠。劍橋分析利用看起來無害的外掛，例如計算機及日曆，獲得用戶在臉書上的時效限定cookie，冒充用戶順利登入。[13]在使用外掛前，請快速搜尋一下確定它的安全性。

回想一下你在網上做過哪些最私人的事情。想過之後你可能會希望考慮使用Tor，這是個免費開源軟件，可讓你匿名上網。Tor透過內含數以千計中繼點的全球自願覆蓋網絡，達成互聯網分流功能；你用Tor發出進入網站的要求，這要求不會顯示你的IP地址，而是Tor系統上的一個出口節點（exit node；類似有人接力，為你轉遞訊息）。Tor的中繼迷宮讓人難以追查是誰發出要求，這樣做的好處是你到訪的網站不會知道你在哪裡，互聯網供應商也不知道你到訪什麼網站。要使用Tor，最簡易的做法是使用他們的同名瀏覽器，瀏覽器會將每個你到訪的網站獨立分開，因此第三方追蹤器及廣告追蹤不到你。

使用Tor也有部分缺點。由於數據到達目的地前繞了很多路，因此會拖慢瀏覽速度，有些網站也可能會因此運作不暢順。另一個問題是，你可能會吸引情報機構的注意——但你可能早就被他們注意了，因為你讀了這本書，或任何有關網上私隱的文章。[14]你也是保護私隱的一員了。你使用Tor時，情報機構或許無法看到你在網絡上做什麼，卻能知道你正在用Tor。正面一點去想，要是愈來愈多一般人使用Tor，這個行為在當局眼中就變得平常。保護私隱又不犯法，反而是我們被教育成保護私隱是一件奇怪的事，這才可恨。

虛擬私人網絡（VPN）也是一個受歡迎的私隱保障工具。一個好的VPN能透過加密、安全及私人的網絡，傳送互聯網流量。當你想透過機場或其他公共場所提供的公共WiFi上網，VPN尤其有用。公共WiFi令你輕易受制於網絡架設者，以及連上同個WiFi的使用者，利用VPN可免除以上風險，但VPN業者能大量存取你的資料。使用VPN前，確保你可以信賴業者。要找出誰可靠很不容易，但誰不可靠有時卻很明顯。舉例來說臉書就利用了它的VPN Onavo Protect來收集個人資料，真是不叫人意外。[15]選擇VPN的基本原則是，如果你不用付錢，那麼你可能就是商品被賣掉了，還是快逃吧。

更改原廠設定

你應該假設所有產品和服務的原廠設定都是不利私隱的，因此你要根據理想的私隱程度來更改設定，例如於瀏覽器或部分瀏覽器上攔截cookie，尤其是跨網頁的追蹤cookie。部分網站的功能可能會因為你選擇了更安全及私人的設定而受到影響，這代表部分網站不值得到訪。你可以由把關最嚴格的設定開始，之後視需要調整。你可考慮在瀏覽器上啟用私人模式（但謹記無痕瀏覽模式只是把你的網上活動行蹤從電腦刪除，而不會保障你免受外部追蹤）。

如要想加倍小心，每年檢查一次設定——企業經常更改服務條款。合適的私隱設定往往也並非集中在同一區塊內方便你一次勾完，因此要找出私隱設定散落在哪裡可能也不輕鬆。如果你遇上困難，記住不是你笨，而是業者濫用權力。針對臉書及Google等時常不看重私隱的企業，或者可以試試進行網上調查，看看如何更改私隱設定。[16]如果你幸運或能找到應用程式來幫你（Jumbo聲稱可以為你的臉書進行設定，其他相似的應用程式也可能正在研發中）。

不要網絡囤積

剷除你不再需要的資料，就如年末大掃除一樣。[17]囤積的資料愈少，累積的風險也愈小。我承認刪除資料很困難，因為就算有些資料你十年內都沒動到，不免還是覺得未來或許有其用途。我有一個發人深省的經驗，幾年前我遺失了手機上大部分資料，當時感覺如同災難，但現在回顧，我從來不曾懷念那些資料。如果不想刪資料，還有另一個較為溫和的方法是把網上的資料備份在加密的硬碟上，然後把資料從互聯網上刪除。多得歐盟一般資料保護規則，即使你不是歐洲人，從各大平台下載資料也變得容易了。舉例說，其實你可以輕鬆從Twitter的帳戶設定發出要求下載資料，再用應用程式刪除舊帖文。

考慮到電腦現時的運作模式，要從你的裝置上真正刪除數碼資料，有時並不容易。當你從電腦上刪除一個檔案，即使它真的從眼下消失，其實仍然存在。資料不動如山，只是它在電腦上的存取路徑變了。電腦裝作檔案已不存在，把釋出的空間標籤為空置。因此你可以用復原軟件來找回檔案。若有人有足夠的技術與動機，就可以找回你刪除的檔案。若你將來希望賣走電腦，你要確保檔案真的剷除了。最佳的做法是為硬碟加密（其實無論如何你也應該做），並刪除密鑰，就可令檔案加密，不能讀取——加密了的數據就如一堆亂碼。[18]

選擇高強度密碼

永遠不要用「123456」、「password」、你最愛的體育隊伍，或是名字及生日等個人資料來做密碼。避用常見的密碼。[19]密碼最重要一環是長度，使用包含大細楷、特殊符號及數字的長密碼，並且不要把同一組萬年密碼用在不同網站上。在理想狀況下一組密碼只能用在一個網站上。你可以考慮使用可靠的密碼管理程式來為你製作長密碼，並不要告訴他人。你也可考慮使用多重認證，要提防業者拿你號碼運用在保安以外的用途，別讓他們得到你的手機號碼。最理想的雙重認證是使用物理密鑰例如Yubikey。

使用代碼混淆（Obfuscation）

若有陌生人在路上截停你問及私人問題，你可以拒絕作答並走開。互聯網卻不會讓你保持緘默。無論你想不想，它都會追蹤並推測有關你的個人資料。這種入侵如同有人在酒吧問你電話，卻不讓你回答「不要，謝謝」。如果那個人繼續騷擾你問你電話，你會怎麼做？或許你會交出一個假號碼，這就是代碼混淆的精髓。

「代碼混淆，是故意加入曖昧不明、令人困惑或誤導的資訊，去妨礙不必要的資料收集。」[20]在一個你不能選擇沉默的情況下，有時保障私隱及表達不滿的唯一方法，就是誤導。政府機構如稅務局當然擁有取用你個人資料的正當理由，但商家卻往往沒有。你可以考慮向商家交出名字簡寫、替代電郵等，如你想透過代碼混淆來表達不滿，你可以寫下一個和私隱有關的電郵地址，例如myemailisprivate@privacy.com（我的電郵是私人的@私隱.com）。

共享帳戶或裝置，也是一種代碼混淆。美國有一群青少年，因為擔心科技巨擘、學校管理層、大學收生處及潛在僱主觀看他們的社交媒體，想出一個可在Instagram上保護私隱的方法——所有人共用一個帳戶。由一群人的網絡去共享帳戶，令人難以追蹤活動究竟出自誰手。[21]共享裝置這招更勝一籌，因為比起帳戶，裝置更方便追蹤者監視用戶活動。

多用實體物品

盡量減少數碼互動是維持私隱的好方法，上鎖的紙本文件或許比儲存在電腦裡的檔案更安全。付款時盡量少用信用卡或智能電話，多用現金。買書要去實體店購買紙本書。不需要用到的時候就將智能電話留於家中。購買產品時選擇沒有上網功能的；你並不需要會被入侵的電熱水壺或洗衣機。智能有可能是低能的。[22]

買報紙

新聞自由是自由開放社會的其中一條支柱，我們需要良好的調查報道，揭發企業和公共機構正在嘗試隱瞞哪些該公開的訊息。當初若非媒體報道，我們可能無從得知監控資本主義如何運作。傳媒要發揮力量就要獨立，不能被權力人士把持，否則傳媒就可能只為權貴而非人民服務。因此我們付費訂閱傳媒，令媒體為我們工作。購買（及閱讀）報紙吧。你要時刻掌握新資訊。

數碼時代對全球報業並不友善。要是「免費」的內容於網上唾手可得，要花錢訂報就會讓人思考再三。免費內容並非真的免費（你的資料及注意力就是代價），而且質素成疑。社交媒體成為主流也削弱了報紙和訂戶的關係。大家都愈來愈依靠社交媒體獲取新聞資訊，亦因此更難避開個人化資訊及假新聞。購買實體報紙吧，這樣就沒人能追蹤你讀了什麼。次一級的選擇是直接到訪新聞網站。總之，你應直接從新聞媒體獲得新聞。

要求取回個人資料

要求企業和政府尊重你的個人資料，就由資料仲介開始吧。坊間有太多資料仲介，其中較大型的有Quantcast、Acxiom、Experian以及之前提到的艾可飛。私隱國際（Privacy International）藉由提供範本及電郵地址，簡化你請求取回個人資料的程序。*

讓我警告你一下：傳送電郵予每一間擁有你資料的企業是種折磨。業者常常為難你，相隔很長時間才回覆，又會向你索取更多資料（如看來不合理就不要提供），亦可能具攻擊性。若你有耐性而情況容許，就盡量堅持吧。或者你能在等巴士或在超市排隊時寄出電郵，亦要有不成功的心理準備，但不要因此感到挫敗。提出要求就是最重要的事情，讓他們去行動，亦讓他們知道公眾並不同意他們的行為。這也可以製造出白紙黑字的記錄，讓政策制定者可以用來監管及懲罰無良公司。

任何和你接觸過並向你索取個人資料的專業人士，你都要對他們提出保護私隱的要求，問他

* https://privacyinternational.org/mydata

們相關問題。要小心你的醫療個人資料被濫用，避免使用非必要的健康應用程式，程式很可能會轉賣你的資料。向醫生、牙醫和其他醫療人員發問，詢問他們的私隱政策，告訴他們你不同意個人資料以任何形式分享給任何人。

為了向企業和政府要求私隱，你需要知道你的權利。仔細閱讀法律，若你是歐洲公民，你應當知道你有權知道私隱相關內容，你有權取閱數據並修正，有權要求刪除你的資料，也有權限制資料被使用，你有權把資料送往另一間公司等等。若你無法解決和業者之間的私隱問題而且想提出申訴，你可以聯絡當地的資料保護機構，或是歐洲資料保障監督（European Data Protection Supervisor，視乎投訴的性質）。保護權利若不能只是紙上談兵，我們要將之活用。

聯絡你的民選代表吧。寫電郵或打電話給他們；在有關私隱的帖文中標籤他們；告訴他們你擔心個人資料問題；問他們有什麼計劃保障你的私隱。投票選出正確的人，若有政客在競爭期間違反私隱權利，那就是個警號，不要投票給他們。

當一家公司的差勁私隱政策讓你失望，你可以在Trustpilot等網站中給他們負評，並在投訴中提及私隱問題。

不要過分依賴科技業者

依賴任何一間科技企業都是危險的，代表著他們掌握了你的部分身份，如果業者取消你的帳戶，或是刪除你的電郵（時有發生），你就可能損失慘重。科技企業當然希望你依賴他們，所以你很難逃出他們的羅網，有時甚至不可能做到。但謹記依賴也有分程度輕重，你愈少依賴任何一個平台或應用程式，他們對你的權力也就愈少，例如記得要將聯絡人儲存在超過一處（最好寫在紙上）。你要用多種方式讓自己的人脈活絡起來，這樣一來就算隨時關掉任何一個平台的帳戶也不致於失去太多聯繫。

科技界人士的覺醒意識

你或許正在本書討論過的科技公司工作，或許止為小型初創企業打工，也可能正在設計你自己的應用程式。無論如何，如果你是建構數碼環境的一員，你正擔當一個重要角色，應在一開始就將私隱融入你經手的產品中。

建構科技的人除了考慮賺錢問題，也要自問想在未來留下什麼樣的名聲。你想成為協助企業或政府削減人民私隱權，將用戶資料置於風險，直至災難發生的人嗎？你想成為破壞民主的人嗎？還是你想成為協助修補數碼環境，向用戶提供方法保護私隱，讓他們在數碼時代好好生活的人？

科技企業常在歷史中站在錯誤的一方，其中最駭人聽聞的例子，就是記者布萊克（Edwin Black）在著作*IBM and the Holocaust*所提到的[23]，IBM透過打孔卡協助納粹大屠殺（詳見本書第八章）。打孔卡是一項強大的科技，可分類及點算人口資料，大大提升國家控制人民的能力，但打孔卡仍無法與今天正在發展的科技相比。人臉辨別和大數據的推斷，可以把控制人民的力道提升到一定程度，效果遠勝過往。我閱讀布萊克的著作時，希望我們的後代不會再讀到類似的書，不用再讀到哪間當代科技企業和現在尚未出現的殘暴政權攜手合作。[24]如果科技企業想站在歷史正確的一方，業者應該妥善保護我們的私隱。私隱是一個商機，也是一個見證道德的機會。

企業和政府都是由一個個人所組成，雖然某些人擁有更大權力，可驅使若干機構向特定方向前進，但每個個體對於機構的付出，都具有道德責任。程式編寫員及科技設計師於數碼年代尤其重要。他們擁有製作機器的專業技術，他們操控機器達到我們的目標，手法宛如魔法。因此機構們都渴求電腦科學家、工程師及資料分析師等人才，令這些人在談判工作責任內容時擁有優勢。若你在科技界工作，並懷疑你正在努力的項目最終可能損害他人利益，你或許可以推動僱主選擇更道德的項目，（若你負擔得起）甚至可辭職另謀高就。

若科技界人士能夠團結起來表達意見，往往更有力量。在二零一八年，Google的員工成功逼使公司終止性騷擾申訴案的強制仲裁，同時不再和五角大廈續約合作Project Maven，[25]異見者能帶動改變。隨良心行動吧。（譯注：因為Google的強制仲裁經常要求加害者辭職，但為免他們跑去敵對公司所以派發給大筆補償金，受害者則往往被迫自願離職。）

諾貝爾（Alfred Nobel）後悔發明炸藥；卡拉什尼科夫（Mikhail Kalashnikov）後悔發明AK-47自動步槍；普洛斯特（Robert Propst）後來開始討厭他設計的辦公室間隔；朱克曼（Ethan Zuckerman）後悔發明彈出式廣告。許多發明者後來與自己的發明劃清界線，不要變成這種人。光有好意是不夠的，因為大多數發明者在後悔之前也是一片好心。作為發明者，你需要假設有人會濫用你所創造的東西，而你需要確保從設計上杜絕濫用，這是一件困難的事情。

科技界人士可向學術界及非牟利團體尋求私隱上的意見，向諸如施奈爾（Bruce Schneier；美國資訊安全專家）、歐尼爾（Cathy O'Neil；美國資料科學家；我推薦她的著作《大數據的傲慢與偏見》〔*Weapons of Math Destruction*〕）、及倫敦帝國理工學院學者凡喬瓦等人學習，或能啟發你。電子前哨基金會、私隱國際、歐洲數碼權利（European Digital Rights）及歐洲數碼權利中心（NOYB，即none of your business「與你無關」的簡寫）是很好的資訊來源。你也可以向一些倫理顧問索取意見，但要確保他們具信譽並且受過相關訓練（雖然聽起來很基本，但不一定會有）。坊間也有一些團體協助初創企業踏出第一步，由倫理委員會進行評估，作為創業計劃的一部分。[26]

若你碰巧是初創企業的投資者，你應要求有關企業為產品進行倫理評估。除非有誘因，否則有些初創企業永遠也不會考慮道德問題。他們太擔心生存及發展，認為可以等到產品完成後才加上私隱和倫理考量。可是每當科技界傳出壞消息，往往都只是因為從來沒人停下來想一想事情在未來會怎樣走偏。每一項科技計劃一展開就該考慮到私隱和倫理。

盡你所能

和你的親友談談私隱問題吧。於社交媒體寫一下私隱吧。如果你有參加讀者會，也不妨讀一下有關私隱的著作，例如Joanna Kavenna的Zed，以及艾格斯（Dave Eggers）的《揭密風暴》（The Circle），當然也少不了奧威爾的《1984》。

當你離開家中，關掉智能手機上的WiFi及藍牙訊號。用膠紙將你的攝影鏡頭及咪高峰封起來。當到訪出名不注重私隱的國家時，過關時要分外留意。[27]總之要尋找機會保障私隱，也不要預期事事如意。

以上措施都會發揮作用，避免你的私隱權利被侵害，但沒有一個措施能說是絕對可靠。事實上保護私隱的手段很難沒有瑕疵，即使私隱專家也會常常犯錯。若你累了或是趕時間，或是你分了心，就很容易疏忽，透露出更多資訊。再者，若有人執意要入侵你的私隱，到頭來他們成功的機率都很大。

即使你不能完美保障自己的私隱，你也應竭盡所能。首先，你應該可以成功保障到部分個人資料，而這樣已足以讓你避開身份盜用者，或是免於資料曝光。第二，你或者可以成功保障他人的資料，而私隱是集體的。第三，即使你未能保障私隱，你的努力也發揮了重大的表達功能，傳遞正確的訊息。你要求機構保護我們的私隱，讓政客意會過來，鼓勵政策制訂者為私隱立法。選擇有利私隱的產品，能讓業界看到私隱也是商機，鼓勵業者不再抗拒法例，以我們的福祉為出發點去創新。其實政府和企業可能比你想像中更顧慮你對私隱的看法。我們需要表明立場，讓他們知道我們有多關心個人資料問題。

這些事情不應該變成我們來做，我也希望你的後代不用去做類似的預防措施。由下而上地從個人層面去檢查所有食物的成分是否安全是不可能的——所以我們才會讓監管團體由上而下控制食品安全——同理，用個人力量解決所有人都要面對的私隱問題也不可能，但是要不要推動企業和政府行動取決於我們。我們絕對能做到。要讓我們的文化回過頭來再次關心私隱，你不用追求事事完美，就盡你所能吧。

向不可接受的說不

這句話我是從黑塞爾（Stéphane Hessel）著作《憤怒的力量》（*The Power of Indignation*）借來的。黑塞爾是集中營倖存者、法國抵抗軍的一員，後來參與起草《世界人權宣言》。黑塞爾、棄權主義者、聖雄甘地（Mahatma Gandhi）、馬丁・路德・金（Martin Luther King）、引發民權運動的帕克斯（Rosa Parks）、孟德拉（Nelson Mandela）、已故美國大法官金斯伯格（Ruth Bader Ginsburg），以及其他所有令世界變得更好的英雄，他們有什麼共通點？他們都向不可接受的說不。面對不公不義，我們的英雄不會逆來順受，他們不接受所生所長的世界變成一個不可接受的世界。他們是在有需要時會站出來說不的人。

阿里士多德認為展現美德的其中一種方式，是在面對不同處境時釋放相對應的情緒。當你的私隱權被侵犯，在道德層面感到憤慨合情合理，若你表現退卻或冷漠那才不合理。

不要向不公義投降。不要認為自己沒有權勢——你就是有。在微軟接近西雅圖的雷德蒙德辦公園區，有一間房是用來管理雲端計算服務Azure。裏面有兩個大熒幕，一個顯示系統現況，一個顯示社交媒體上各人對系統的「感覺」。[29]為什麼像微軟這樣的大企業會關心用戶對系統的看法，關切程度甚至不亞於系統本身的運作？因為系統要順利運作，建基於使用者的看法。整個數碼經濟都依賴你——你的合作和同意。因此私隱權被侵犯時不要啞忍。

《世界人權宣言》就像前人留給我們的信件，忠告我們不要牴觸若干紅線。宣言誕生自戰爭及猶太人大屠殺的可怕經歷，請求我們不要重蹈覆轍，不要讓歷史重演。宣言強調，若人權得不到尊重，人民將會「被迫尋求手段，最後起身反抗」。私隱權是正正當當的權利，捍衛它吧。

總結

你想要住在什麼樣的社會？在你面前有兩個選擇，第一個社會的監控模式比現今更為極端——你的腳步、你說過的話、搜尋記錄、購買記錄、手機指紋解鎖次數都會被記錄下來分析，被公私部門得知。你頭上有無人機和衛星監視，走到哪裡都被臉部辨識技術鎖定；你的閱讀書單和抗議行動在政府的掌握中。警方、公共衛生部門、情報機構、情報資訊監控中心都有你的資料。政府向你保證收集資料只是為了防範疫情和恐怖行動，但你知道事實與此相距甚遠。

被監控的不只是你的行為，還有你的想法和感覺。[1]透過皮下監控，你的生理機能遭到監控，用來推測情緒和健康狀態。在這個社會中或許你會依法規定配戴手錶，測量心跳、體溫、膚電傳導（皮膚排汗程度）。這樣一來情緒監控公司就能知道在你看新聞的時候，哪一種內容可以讓你生氣，哪一種網絡內容會讓你恐懼，他們就會把以上資料轉交商業機構或政府。

當權者聲稱監控有助於民主社會維持穩定，卻表示公民從此以後不再需要投票，畢竟透過分析數據就能推測大眾的政治傾向。當權者透過你的資料知道你在社會上遇到狀況時作出哪些決定，以此預測你的未來。求職、貸款、得到器官捐贈機會的可能性都由監控組織和抉擇演算法所決定。

在這樣的社會中，人類表面上受到科技照顧，事實上卻任由科技擺佈。智能冰箱的食材快吃完了會自動補貨，讓你工作不中斷。你的工作效率包括上廁所的頻率都被科技記錄，要是你壓力增加就會被機器提醒趕快去冥想，應用程式還會指導你每天該走幾步路，才能維持健康門檻不會被停保。

在這樣的社會中，孩子的私隱權堪憂，或許他們玩線上遊戲的記錄會影響未來評估，因為孩子的遊戲成績被賣給資料仲介以便評估玩家的認知能力。你也擔心要是他們在青少年時期犯傻，喝個爛醉、拍了照片，之後就永遠找不到工作了。不知道未來等他們出了社會要多聽話才能出人頭地。你怕他們永遠沒嘗過自由的滋味，因為這是一個極權接管的社會。

可是我們還有其他的未來可以選擇，眼前一定還有更好的世界，在其中一個更好的世界裡，屬於你的都不會被公私部門利用，你手機裡的資料只屬於你，只有你才能讀取。你的資料不轉賣、不跟別人分享，連家人也不例外。你可以大方跟醫生討論病情，不用擔心所說的話將來對自己不利。你不用擔心私下談話會被公開，你不用擔心因為犯錯未來永不翻身。你想在網上查什麼就查，不管是令人擔心的主題或是引人好奇的內容，之後這些記錄也不會反咬你一口。

你可以向律師徵求法律諮詢，不用擔心在受人監控的情況下自證其罪。你的身份證明資料、過去的經歷和恐懼、對未來的希望，都不會反過來陷害你。在這樣的社會，政府的權力來自公民授權，而非剝奪公民私隱權。在這樣的社會，擁有數千年傳統的民主體制才能延續、進步。

在尊重私隱權的世界裡，人民可以出門抗議，不用擔心被指認身份；有私隱權的世界也可以匿名投票。你可以在家中、在腦海中自在發揮想法，不怕被人知道。你進行性行為的時候只有另一半知道你的心跳速度，而非智能手錶，而且也不會有其他人透過數碼裝置知道你當下在做什麼。你可以享受親密——真正的親密，知道沒有其他人在看才能意會的親密。

我不是說所有科技都很負面，我也不是說為了享有私隱權必須拋下科技，我們只是需要妥善管理正當的科技產品。效益正面的科技不會強迫你看一大堆垃圾訊息，反而會讓你更獨立，幫助你完成目標，而不是科技背後藏鏡人的目標。正面的科技公司跟你直來直往，不會給你看一大堆附加細則，不會在私底下偷偷收集資料，也不會在被拆穿後只會找藉口搪塞或道歉。正面的科技為你服務，業者的客戶是你，不是收集資料的廣告商、資料仲介、政府部門。而且你不是科技的操弄對象，你是使用科技的人，是顧客，是社會公民。正當的科技會尊重使用者的權力也尊重民主體制，當然也保障私隱權。

之前的人主張，數碼時代降臨後必然伴隨著私隱權的滅亡，事實上正好相反，私隱權不但沒有走向死路，反而起死回生，而監控資本主義才正要走向末路。私隱權大戰將會打得艱辛，不要以為打贏一場仗從此就能永遠穩贏而得意。我們每天都必須捍衛權力，每一個季節都要重申哪些線絕對不能跨越。要重新取回主導權需要時間，這項工作需要所有人齊心協力，但是任務可以達成，也一定會達成，只是愈快達標愈好，這樣才能省下不必要的風險與傷害。

多年前我和朋友提到自己在研究私隱權，通常都會得到冷淡或嘲諷的回應，「喔，你從哲學研究跳到歷史嗎？」「你早就沒有私隱了，還是早點習慣吧。別再想了。」有些人的回應比較溫暖，他們想讓我正視現實，鼓勵我換個比較好做的題目。從某些方面來說，從前我對於私隱權相當悲觀，個人資料經濟的醜態讓我幾乎看不見希望。但我同時也很樂觀，畢竟個人資料被竊這種行為的本質和規模都太駭人且危險，根本不可能再持續下去，所以一定會谷底反彈。我想對了，現在我變得更樂觀了，因為現代人聽到私隱話題，會表現出好奇以及關切。

風向變了，當初我們被數碼科技的發展沖昏頭，短暫遺忘私隱權的重要性，現在再度回想起來。劍橋分析醜聞、公開羞辱、盜用身份等事件發生後，人們驚覺缺乏私隱導致的後果，不管是在網絡發明前或發明後都同樣嚴重。例如個人資料遭竊所導致的後果可能就跟錢包掉了一樣棘手；被資料仲介者知道太多個人資料，其狀況糟過面試時面試官有權問你是否有育兒計畫。至少面試官會當面問，而且動作是公開的，資料仲介則不然。

私隱權受到傷害所帶來的政治風險更勝以往，從來沒有哪個時代如今日收集這麼多公民的個人資料，在資料安全意識薄弱、民主體制動盪，以及懂得使用黑客技術的極端社會數量正在增加的時候，人民放任監控技術發展。網絡個人資料看不見摸不著，科技業者藉此掩飾侵犯私隱的行徑，但現在我們已經看穿了這種伎倆，可以拿回個人資料的主導權了。

疫情所造成的亂象大幅侵害了人民私隱，但現在的狀況比以前好很多，比方說人們愈來愈了解個人資料如何被濫用，也知道需要增加更多規範管制相關單位。未來會出現更多計畫來管理個人資料，科技公司也會面臨更大的壓力來審慎面對規範。幾年前沒幾個人認為歐盟一般資料保護規範可能會問世，雖然它有很多缺點，卻已是邁向正確道路的一大步。

我們正在見證文明進程，從前沒有網絡的生活也經歷過同樣的過程，變得更適宜人居。例如食安規範確保食物衛生可食，又或者購物買到瑕疵品可退貨，坐車要繫安全帶，未來僱主詢問你的育兒意願屬於非法行為。如果要脫離網絡私隱的蠻荒時代，現在就是歷史的轉捩點。為個人資料設下的基本底線將決定未來數十年的數碼生態，做對決定才是關鍵，我們欠自己、欠未來孩子一個公正的決定。

私隱權事關重大，不能任憑它萎縮。不管你是誰，不管你做了什麼，別人都管不著，你不是讓人轉換成數據販售給飢餓數據業者的商品，你是人，不能被販賣。你是公民，你的私隱權被其他人扣住了。唯有透過私隱權，才能讓社會對每一個人一視同仁，沒有差別待遇。透過私隱權，公民才有力量，才能保護自己，保護體制和社會免於外部壓力和濫用。私隱權讓人可以畫出界線，在線內完全放鬆，與他人連結，實驗新想法，獨立做決定。

日益蔓延的數碼監控勢必會與尊重人權且自由民主開放的社會水火不容，數碼監控應該消失而且沒有妥協餘地，當然無良業者會反擊，科技公司也會道歉承諾說要改進，然後利用更多個人資料圖利。政府也會和以上角色合作，表示為了人民安全需要更多個人資料；至於科技狂熱分子則會說保護私隱會妨礙進步。現在你比從前知道更多內幕，向不能接受的說不。重奪個人資料掌握權，私隱總有一天會勝利。

致謝

重奪個人資料控制權是需要合眾人之力完成的事。這本書得以出版，獲得了無數人的大力幫忙，以下的所提及的若有遺漏，希望他們能夠原諒我，同時接受我對他們慷慨付出所表達最誠懇的謝意。

這本書大部分的稿件都是在疫情蔓延的封城期間完成。我先對那些冒著感染風險維持社會秩序、讓大部分人能夠安坐家中的工作者致上最深的敬意。

首先感謝Uehiro實踐倫理學中心、Welcome倫理及人文中心、牛津大學基督堂學院，以及牛津大學哲學院在過去三年的支持，特別感謝薩烏萊斯（Julian Savulescu）讓Uehiro中心成為研究應用倫理一個尖端而安全的避風港。

你難以要求一個比米歇爾（Caroline Michel）更出色的出版仲介人。米歇爾是第一個看到《私隱即權力》具出版潛質的人，哪怕當時只是空有一個主題。沒有她，主題永遠成不了書。

另想感謝菲莎（Peter Fraser）加上Dunlop團隊，拜丁（Tim Binding）不停鼓勵和協助這個當時尚未成形的出版企劃起步；亦感謝羅拔臣（Laurie Robertson）、布朗（Rose Brown）和韋爾瑪（Rebecca Wearmouth）。

感謝每一個在Transworld工作的人。韋德森（Susanna Wadeson）和歐文（Pasty Irwin）常即時分享我對私隱的看法，再著手執行我在書中提及的應對方法。登勤（Stephanie Duncan）是一個可愛的編輯，充滿耐性而且做事上心。感謝她的督促。巴拉多（Daniel Balado）為稿件作最後的修改。感謝烏坎（Katrina Whone）、湯普森（Vivien Thompson）、普雷斯科特（Dan Prescott）以及希娜（Cat Hillertone）協助出版這本如此精美的書；格爾（Richard Ogle）為本書設計了型格的書封，還有威爾（Sally Wray）、考克斯（Lily Cox）以及銷售市場部團隊做的一切一切，只為了讓書中的訊息傳遞給更多人知道。

感謝沃布頓（Nigel Warburton）邀請我寫一篇關於私隱的文章給伊昂（aeon.co），令我開始思考私隱與權力的關係；也感激伊昂讓我將文章放在書中。

當我對私隱這個題目做資料搜集時，我曾跟那些出色的研究者和專家深入對談，從中獲益良多。我的哲學博士指導歇斯（Roger Crisp）和法布爾（Cécile Fabre）在試驗和改善我的想法上至關重要。其他參與其中的重要人物包括列法（Anabelle Lever）、迪格茲（Antonio Di guez）、普朗克（Carina Prunkl）、茱臣（Ellen Judson）、塞林格（Evan Selinger）、克拉維爾（Gemma Galdon Clavell）、奈夫（Gina Neff）、斯里尼瓦桑（Gopal Sreenivasan）、德沃爾德（Katrien Devolder）、威廉（James Williams）、麥瑪漢（Jeff McMahan）、鮑爾斯（Julia Powles）、薩烏萊斯、麥尼（Kevin Macnish）、茱臣（Lindsay Judson）、蘭茜（Marjolein Lanzing）、米利肯（Peter Millican），以及所有在牛津大學人工智能倫理研討會上的講者：道格拉斯（Tom Douglas）、簡切克（Václav Janeček）和蒙喬耶（Yves-Alexandre de Montjoye）等等。

感謝以下的人幫忙閱讀部分或全部的書稿，並給予改善的意見，感謝傅以斌（Bent Flyvbjerg）、奎瓦（Javier de la Cueva）、普斯頓（Ian Preston）、瓦夫（Jo Wolff）、科爾皮（Jorge Volpi）、羅比奧（Diego Rubio）、蒙喬耶、露易絲（Mark Lewis）、莫里爾（Marta Dunphy-Moriel）以及米利肯（Peter Millican）幫忙校對，但當然，如果內容仍有任何錯處，那都是我本人的責任。

很感恩所有的朋友以及愛人，不論身在何方，在重要的時刻都支持著我。非常感謝布蘭科（Aitor Blanco）、茱比利連（Alberto Giubilini）、提奧菲洛普洛斯（Areti Theofilopoulou）、杜爾斯（Daniela Torres）、尤爾特（David Ewert）、羅比奧（Diego Rubio）、瑪莎琳（Hannah Maslen）、奎瓦（Javier de la Cueva）、雪帕（Josh Shepherd）、池田（Kyo Ikeda）、愛因皮諾薩（Luciano Espinosa）、維哈（María Teresa López de la

Vieja）、索娜（Marina López-Solà）、甘迪亞（Marisol Gandía）、米亞（Rafo Mejía）、帕雷拉特（Ricardo Parellada）、特維諾（Rosana Triviño）、西菲亞（Silvia Gandía）、維達（Sole Vidal）、維利梅（Stella Villarmea）、格林菲（Susan Greenfield）和奧辛（Txetxu Ausín），還有這些年來幫助過的所有人。

我對家人的虧欠和感激之情，實在難用筆墨形容——Héctor、María、Iván和Julián。衷心感謝Ale和Alexis還有孩子們。最後，感謝傅以斌一直鼓勵我寫作，並在我身旁閱讀，甚至寫得比我更多。雖然新冠疫情帶來了陰霾與焦慮，但我仍然感恩自己在封城的狀況下抱持正面的希望——我慶幸跟對的人一同宅在家中，寫了一本對的書。

註釋

本書概要

1 Throughout the book I use 'the data economy', 'the surveillance economy', 'surveillance capitalism', and 'the surveillance society' almost interchangeably. We could, in theory, have a data economy that excludes personal data. We could trade in data that is about impersonal matters. But, at the time of writing, when people write about the 'data economy', they are often referring to the trade in personal data, so I use the 'data economy' as shorthand for the 'personal data economy'.

2 Brittany Kaiser, *Targeted. My Inside Story of Cambridge Analytica and How Trump, Brexit and Facebook Broke Democracy*, (Harper Collins, 2019) 81.

3 Remember how, in the first Matrix film, Trinity and Morpheus had to get to Neo through the Matrix to get him out of there?

第1章

1 For more on self-tracking, see Gina Neff and Dawn Nafus, Self-Tracking (MIT Press, 2016).

2 Aliya Ram and Emma Boyde, 'People Love Fitness Trackers, But Should Employers Give Them Out?', *Financial Times*, 16 April 2018.

3 Ifeoma Ajunwa, Kate Crawford and Jason Schultz, 'Limitless Worker Surveillance', *California Law Review* 105, 2017, 766-767.

4 Sam Biddle, 'For Owners of Amazon' s Ring Security Cameras, Strangers May Have Been Watching Too', *Intercept*, 10 January 2019.

5 Geoffrey Fowler, 'The Doorbells Have Eyes: The Privacy Battle Brewing Over Home Security Cameras', *Washington Post*, 31 January 2019.

6 Alex Hern, 'Smart Electricity Meters Can Be Dangerously Insecure, Warns Expert', *Guardian*, 29 December 2016.

7 Carissa Vliz and Philipp Grunewald, 'Protecting Data Privacy Is Key to a Smart Energy Future', *Nature Energy* 3, 2018.

8 L. Stanokvic, V. Stanokvic, J. Liao and C. Wilson, 'Measuring the Energy Intensity of Domestic Activities From Smart Meter Data', *Applied Energy* 183, 2016.

9 Alex Hern, 'UK Homes Vulnerable to "Staggering" Level of Corporate Surveillance', *Guardian*, 1 June 2018.

10 https://www.samsung.com/hk_en/info/privacy/smarttv/. Accessed 7 May 2020.

11 Nicole Nguyen, 'If You Have a Smart TV, Take a Closer Look at Your Privacy Settings', CNBC, 9 March 2017.

12 Matt Burgess, 'More Than 1,000 UK Schools Found To Be Monitoring Children With Surveillance Software', *Wired*, 8 November 2016.

13 Lily Hay Newman, 'How to Block the Ultrasonic Signals You Didn't Know Were Tracking You', *Wired*, 3 November 2016.

14 A version of this explanation was given by an Amazon spokesperson when Alexa recorded someone's private conversation and sent it to a random contact. Sam Wolfson, 'Amazon's Alexa Recorded Private Conversation and Sent it to Random Contact', *Guardian*, 24 May 2018.

15 Daniel J. Dubois, Roman Kolcun, Anna Maria Mandalari, Muhammad Talha Paracha, David Choffnes and Hamed Haddadi, 'When Speakers Are All Ears', Proceedings on 20th *Privacy Enhancing Technologies Symposium*, 2020.

16 Sam Wolfson, 'Amazon's Alexa Recorded Private Conversation and Sent it to Random Contact'.

17 Michael Baxter, 'Do Connected Cars Pose a Privacy Threat?', *GDPR: Report*, 1 August 2018.

18 Erin Biba, 'How Connected Car Tech Is Eroding Personal Privacy', BBC News, 9 August 2016; John R. Quain, 'Cars Suck Up Data About You. Where Does It All Go?', *New York Times*, 27 July 2017.

19 Bruce Schneier, *Data and Goliath* (London: W. W. Norton & Company, 2015), 68. IMSI stands for 'international mobile subscriber identity'.

20 Ben Bryant, 'VICE News Investigation Finds Signs of Secret Phone Surveillance Across London', *VICE*, 15 January 2016.

21 Losing your breath at the sight of your screen or email is a thing. It's called 'email apnea', or 'screen apnea'. Linda Stone, 'The Connected Life: From Email Apnea to Conscious Computing', *Huffington Post*, 7 May 2012.

22 Steven Englehardt, Jeffrey Han and Arvind Narayanan, 'I Never Signed Up For This! Privacy Implications of Email Tracking', *Proceedings on Privacy Enhancing Technologies* 1, 2018; Brian Merchant, 'How Email Open Tracking Quietly Took Over the Web', Wired, 11 December 2017.

23 Radhika Sanghani, 'Your Boss Can Read Your Personal Emails. Here's What You Need To Know', *Telegraph*, 14 January 2016.

24 Kristen V. Brown, 'What DNA Testing Companies' Terrifying Privacy Policies Actually Mean', *Gizmodo*, 18 October 2017.

25 Bradley Malin and Latanya Sweeney, 'Determining the Identifiability of DNA Database Entries', *Proceedings, Journal of the American Medical Informatics Association*, 2000.

26 S. Tandy-Connor, J. Guiltinan, K. Krempely, H. LaDuca, P. Reineke, S. Gutierrez, P. Gray and B. Tippin Davis, 'False-Positive Results Released by Direct-to-Consumer Genetic Tests Highlight the

Importance of Clinical Confirmation Testing for Appropriate Patient Care' , *Genetics in Medicine* 20, 2018.

27 Chris Stokel-Walker, 'Zoom Security: Take Care With Your Privacy on the Video App' , *The Times*, 12 April 2020.

28 When communications are end-to-end encrypted, companies can' t access their content, but Zoom could access video and audio from meetings, despite the desktop app stating that Zoom was using end-to-end encryption. Micah Lee and Yael Grauer, 'Zoom Meetings Aren' t End-toEnd Encrypted, Despite Misleading Marketing' , Intercept, 31 March 2020. A few months later, Zoom fixed some of its privacy problems, but it announced it was going to exclude free calls from end-to-end encryption. After experiencing a privacy backlash, it then promised end-to-end encryption to all users. Kari Paul, 'Zoom to Exclude Free Calls from End-to-End Encryption to Allow FBI Cooperation, *Guardian*, 4 June 2020. Kari Paul, 'Zoom Will Provide End-to-End Encryption to All Users After Privacy Backlash' , *Guardian*, 17 June 2020.

29 Michael Grothaus, 'Forget the New iPhones: Apple' s Best Product Is Now Privacy' , *Fast Company*, 13 September 2018.

30 Casey Johnston, 'Facebook Is Tracking Your "Self-Censorship" ' , *Wired*, 17 December 2013.

31 Kashmir Hill, 'How Facebook Outs Sex Workers' , *Gizmodo*, 10 November 2017.

32 Kashmir Hill, 'Facebook Recommended That This Psychiatrist' s Patients Friend Each Other' , *Splinter News*, 29 August 2016.

33 Kashmir Hill, ' "People You May Know" : A Controversial Facebook Feature' s 10-Year History' , *Gizmodo*, 8 August 2018.

34 'Facebook Fined £500,000 for Cambridge Analytica scandal' , BBC, 25 October 2018.

35 Dan Tynan, 'Facebook Says 14m Accounts Had Personal Data Stolen in Recent Breach' , *Guardian*, 12 October 2018.

36 Gabriel J. X. Dance, Michael LaForgia and Nicholas Confessore, 'As Facebook Raised a Privacy Wall, It Carved an Opening for Tech Giants' , *New York Times*, 18 December 2018.

37 Kashmir Hill, 'Facebook Was Fully Aware That Tracking Who People Call and Text Is Creepy But Did It Anyway' , *Gizmodo*, 12 May 2018.

38 Natasha Singer, 'Facebook' s Push For Facial Recognition Prompts Privacy Alarms' , *New York Times*, 9 July 2018.

39 Alex Hern, 'Facebook Faces Backlash Over Users' Safety Phone Numbers' ,*Guardian*, 4 March 2019.

40 Zack Whittaker, 'A Huge Database of Facebook Users' Phone Numbers Found Online' , *TechCrunch*, 4 September 2019.

41 For a list of Facebook privacy disasters from 2006 to 2018, see Natasha Lomas, 'A Brief History

of Facebook' s Privacy Hostility Ahead of Zuckerberg' s Testimony' , *TechCrunch*, 10 April 2018.

42 Len Sherman, 'Zuckerberg' s Broken Promises Show Facebook Is Not Your Friend' , *Forbes*, 23 May 2018. 'Despite repeated promises to its billions of users worldwide that they could control how their personal information is shared, Facebook undermined consumers' choices,' said Federal Trade Commission Chairman Joe Simons. FTC Press Release, 'FTC imposes $5 billion penalty and sweeping new privacy restrictions on Facebook' , 24 July 2019.

43 Allen St John, 'How Facebook Tracks You, Even When You' re Not on Facebook' , *Consumer Reports*, 11 April 2018.

44 Digital, Culture, Media and Sport Committee, 'Disinformation and "Fake News" : Final Report' (House of Commons, 2019).

45 Brian Fung, 'How Stores Use Your Phone' s WiFi to Track Your Shopping Habits' , *Washington Post*, 19 October 2013.

46 Stephanie Clifford and Quentin Hardy, 'Attention, Shoppers: Store Is Tracking Your Cell' , *New York Times*, 14 July 2013.

47 Chris Frey, 'Revealed: How Facial Recognition Has Invaded Shops – and Your Privacy' , *Guardian*, 3 March 2016.

48 Kashmir Hill and Aaron Krolik, 'How Photos of Your Kids Are Powering Surveillance Technology' , *New York Times*, 11 October 2019.

49 Yael Grauer, 'What Are "Data Brokers," and Why Are They Scooping Up Information About You?' , *Motherboard*, 27 May 2018.

50 Adam Tanner, *Our Bodies, Our Data. How Companies Make Billions Selling Our Medical Records* (Beacon Press, 2017), 78, 95, 147 - 148.

51 Julia Powles and Hal Hodson, 'Google DeepMind and Healthcare in an Age of Algorithms' , *Health and Technology* 7, 2017.

52 Dan Munro, 'Data Breaches In Healthcare Totaled Over 112 Million Records in 2015' , *Forbes*, 31 December 2015.

53 Alex Hern, 'Hackers Publish Private Photos From Cosmetic Surgery Clinic' , *Guardian*, 31 May 2017.

54 Jennifer Valentino-DeVries, Natasha Singer, Michael H. Keller and Aaron Krolik, 'Your Apps Know Where You Were Last Night, and They' re Not Keeping It Secret' , *New York Times*, 10 December 2018.

55 Nick Statt, 'How AT&T' s Plan to Become the New Facebook Could Be a Privacy Nightmare' , *Verge*, 16 July 2018.

56 Joseph Cox, 'I Gave a Bounty Hunter $300. Then He Located Our Phone' , *Motherboard*, 8 January 2019.

57 Olivia Solon, ' "Data Is a Fingerprint" : Why You Aren' t as Anonymous as You Think Online' , *Guardian*, 13 July 2018.

58 Y. A. de Montjoye, C. A. Hidalgo, M. Verleysen and V. D. Blondel, 'Unique in the Crowd: The Privacy Bounds of Human Mobility' , *Scientific Reports* 3, 2013.

59 Y. A. de Montjoye, L. Radaelli, V. K. Singh and A. S. Pentland, 'Identity and privacy. Unique in the Shopping Mall: On the Reidentifiability of Credit Card Metadata' , *Science* 347, 2015.

60 Ryan Singel, 'Netflix Spilled Your Brokeback Mountain Secret, Lawsuit Claims' , *Wired*, 17 December 2009.

61 Aliya Ram and Madhumita Murgia, 'Data Brokers: Regulators Try To Rein In The "Privacy Deathstars" ' , *Financial Times*, 8 January 2019.

62 Natasha Singer, 'Data Broker Is Charged With Selling Consumers' Financial Details to "Fraudsters" ' , *New York Times*, 23 December 2014.

63 Melanie Hicken, 'Data Brokers Selling Lists of Rape Victims, AIDSPatients' , CNN, 19 December 2013.

64 Nitasha Tiku, 'Privacy Groups Claim Online Ads Can Target Abuse Victims' , *Wired*, 27 January 2019.

65 Nicole Kobie, 'Heathrow' s Facial Recognition Tech Could Make Airports More Bearable' , *Wired*, 18 October 2018; Gregory Wallace, 'Instead of the Boarding Pass, Bring Your Smile to the Airport' , CNN, 18 September 2018.

66 Kaveh Waddell, 'A NASA Engineer Was Required To Unlock His Phone At The Border' , *Atlantic*, 13 February 2017.

67 Daniel Victor, 'What Are Your Rights if Border Agents Want to Search Your Phone?' , *New York Times*, 14 February 2017.

68 Gemma Galdon Clavell, 'Protect Rights at Automated Borders' , *Nature* 543, 2017.

69 Olivia Solon, ' "Surveillance Society" : Has Technology at the US-Mexico Border Gone Too Far?' , *Guardian*, 13 June 2018.

70 Douglas Heaven, 'An AI Lie Detector Will Interrogate Travellers at Some EU Borders' , *New Scientist*, 31 October 2018.

71 Dylan Curran, 'Are You Ready? Here Is All The Data Facebook And Google Have On You' , *Guardian*, 30 March 2018.

72 John Naughton, 'More Choice on Privacy Just Means More Chances to Do What' s Best for Big Tech' , *Guardian*, 8 July 2018.

73 Alex Hern, 'Privacy Policies of Tech Giants "Still Not GDPR-Compliant" ' , *Guardian*, 5 July 2018.

74 Logan Koepke, ' "We Can Change These Terms at Anytime" : The Detritus of Terms of Service

Agreements', *Medium*, 18 January 2015.

75 John Naughton, 'More Choice on Privacy Just Means More Chances to Do What's Best for Big Tech'.

76 Arwa Mahdawi, 'Spotify Can Tell If You're Sad. Here's Why That Should Scare You', *Guardian*, 16 September 2018.

77 Alfred Ng, 'With Smart Sneakers, Privacy Risks Take a Great Leap', CNET, 13 February 2019.

78 Christopher Mims, 'Here Comes "Smart Dust," The Tiny Computers That Pull Power From The Air', *Wall Street Journal*, 8 November 2018.

第2章

1 Shoshana Zuboff, The Age of Surveillance Capitalism (London: Profile Books, 2019), Ch 3.

2 Samuel Gibbs and Alex Hern, 'Google at 20: How Two "Obnoxious" Students Changed the Internet', *Guardian*, 24 September 2018.

3 John Battelle, 'The Birth of Google', *Wired*, 1 August 2005.

4 Samuel Gibbs and Alex Hern, 'Google at 20: How Two "Obnoxious" Students Changed the Internet'.

5 Steven Levy, *In the Plex. How Google Thinks, Works, and Shapes Our Lives* (New York: Simon & Schuster, 2011), 77–78.

6 Google's 2004 Annual Report to the United States Securities and Exchange Commission (https://www.sec.gov/Archives/edgar/data/1288776/000119312505065298/d10k.htm)

7 Sergey Brin and Lawrence Page, 'The Anatomy of a Large-Scale Hypertextual Web Search Engine', *Computer Networks and ISDN Systems* 30, 1998.

8 Steven Levy, *In the Plex. How Google Thinks, Works, and Shapes Our Lives*, 82.

9 Samuel Gibbs and Alex Hern, 'Google at 20: How Two "Obnoxious" Students Changed the Internet'.

10 Alphabet Inc. 2019 Annual Report to the United States Securities and Exchange Commission (https://abc.xyz/investor/static/pdf/20200204_alphabet_10K.pdf?cache=cdd6dbf)

11 Richard Graham, 'Google and Advertising: Digital Capitalism in the Context of Post-Fordism, the Reification of Language, and the Rise of Fake News', *Palgrave Communications* 3, 2017, 2.

12 Jennifer Lee, 'Postcards From Planet Google', *New York Times*, 28 November 2002.

13 Jennifer Lee, 'Postcards From Planet Google'.

14 Krishna Bharat, Stephen Lawrence and Meham Sahami, 'Generating User Information for Use in Targeted Advertising' (2003).

15 Steven Levy, *In the Plex. How Google Thinks, Works, and Shapes Our Lives*, 330–336.

16 Shoshana Zuboff, *The Age of Surveillance Capitalism*, 87 - 92.

17 Steven Levy, *In the Plex. How Google Thinks, Works, and Shapes Our Lives*, 68.

18 Douglas Edwards, I' m Feeling Lucky: *The Confessions of Google Employee Number 59* (Houghton Mifflin Harcourt, 2011), 340.

19 Shoshana Zuboff, *The Age of Surveillance Capitalism*, 89.

第 3 章

1 Louise Matsakis, 'The WIRED Guide to Your Personal Data (and Who Is Using It)' , *Wired*, 15 February 2019.

2 'Privacy Online: Fair Information Practices in the Electronic Marketplace. A Report to Congress' (Federal Trade Commission, 2000).

3 Shoshana Zuboff, *The Age of Surveillance Capitalism*, 112 - 121.

4 Bruce Schneier, *Click Here to Kill Everybody. Security and Survival in a Hyper-Connected World* (New York: W. W. Norton & Company, 2018), 65.

5 Babu Kurra, 'How 9/11 Completely Changed Surveillance in U.S.' , *Wired*, 11 September 2011.

6 Edward Snowden, *Permanent Record* (Macmillan, 2019).

7 Edward Snowden, *Permanent Record*, 223 - 224.

8 Edward Snowden, *Permanent Record*, 278 - 279.

9 Edward Snowden, *Permanent Record*, 163.

10 Edward Snowden, *Permanent Record*, 225.

11 Edward Snowden, *Permanent Record*, 167 - 168.

12 Michael Isikoff, 'NSA Program Stopped No Terror Attacks, Says White House Panel Member' , NBC News, 19 December 2013.

13 Charlie Savage, 'Declassified Report Shows Doubts About Value of N.S.A.' s Warrantless Spying' , *New York Times*, 25 April 2015.

14 Charlie Savage, *Power Wars. Inside Obama' s Post-9/11 Presidency* (New York: Little, Brown and Company, 2015), 162 - 223.

15 'Report on the President' s Surveillance Program' (2009), 637.

16 For more on why mass surveillance is not the right approach to preventing terrorism, see Bruce Schneier, *Data and Goliath*, 135 - 139.

17 James Glanz and Andrew W. Lehren, 'NSA Spied on Allies, Aid Groups and Businesses' , *New York Times*, 21 December 2013.

18 Julia Angwin, Jeff Larson, Charlie Savage, James Risen, Henrik Moltke and Laura Poitras, 'NSA Spying Relies on AT&T' s "Extreme Willingness to Help" ' , *ProPublica*, 15 August 2015.

19 Jedediah Purdy, 'The Anti-Democratic Worldview of Steve Bannon and Peter Thiel', *Politico*, 30 November 2016.

20 Sam Biddle, 'How Peter Thiel's Palantir Helped the NSA Spy on the Whole World', *Intercept*, 22 February 2017.

21 Bruce Schneier, *Click Here to Kill Everybody. Security and Survival in a Hyper-Connected World*, 65.

22 Sam Levin, 'Tech Firms Make Millions from Trump's Anti-Immigrant Agenda, Report Finds', *Guardian*, 23 October 2018.

23 Amanda Holpuch, 'Trump's Separation of Families Constitutes Torture, Doctors Find', *Guardian*, 25 February 2020.

24 'The Government Uses "Near Perfect Surveillance" Data on Americans', *New York Times*, 7 February 2020.

25 Toby Helm, 'Patient Data From GP Surgeries Sold to US Companies', *Observer*, 7 December 2019.

26 Juliette Kayyem, 'Never Say "Never Again"', *Foreign Policy*, 11 September 2012.

27 Bobbie Johnson, 'Privacy No Longer a Social Norm, Says Facebook Founder', *Guardian*, 10 January 2010.

28 Alyson Shontell, 'Mark Zuckerberg Just Spent More Than $30 Million Buying 4 Neighboring Houses So He Could Have Privacy', *Business Insider*, 11 October 2013.

29 Bobbie Johnson, 'Facebook Privacy Change Angers Campaigners', *Guardian*, 10 December 2009.

30 My thanks to Judith Curthoys for this example. As Ellen Judson pointed out to me, a master at Cambridge University also kept a banned dog as a 'very large cat' (https://www.bbc.co.uk/news/uk-england-cambridgeshire28966001).

31 Harry Cockburn, 'The UK's Strangest Laws That Are Still Enforced', *Independent*, 8 September 2016.

32 Nick Statt, 'Facebook CEO Mark Zuckerberg Says the "Future is Private"', *Verge*, 30 April 2019.

33 Sam Biddle, 'In Court, Facebook Blames Users for Destroying Their Own Right to Privacy', *Intercept*, 14 June 2014.

34 Roxanne Bamford, Benedict Macon-Cooney, Hermione Dace and Chris Yiu, 'A Price Worth Paying: Tech, Privacy and the Fight Against Covid-19' (Tony Blair Institute for Global Change, 2020).

35 Barrington Moore, *Privacy. Studies in Social and Cultural History*(Armonk, New York: M. E. Sharpe, 1984).

第4章

1 Tim Wu, *The Attention Merchants* (Atlantic Books, 2017); James Williams, *Stand Out of Our Light. Freedom and Resistance in the Attention Economy*(Cambridge: Cambridge University Press, 2018).

2 Alex Hern, 'Netflix' s Biggest Competitor? Sleep' , *Guardian*, 18 April 2017.

3 Although in this book I am following the common usage of calling people who break into security systems 'hackers' , the more precise term is 'crackers' . Crackers are malicious hackers. See Richard Stallman, 'On Hacking' (https://stallman.org/articles/on-hacking.html)

4 Oliver Ralph, 'Insurance and the Big Data Technology Revolution' , *Financial Times*, 24 February 2017.

5 Dave Smith and Phil Chamberlain, 'On the Blacklist: How Did the UK' s Top Building Firms Get Secret Information on Their Workers?' , *Guardian*, 27 February 2015.

6 Rupert Jones, 'Identity Fraud Reaching Epidemic Levels, New Figures Show' , *Guardian*, 23 August 2017.

7 Kaleigh Rogers, 'Let' s Talk About Mark Zuckerberg' s Claim That Facebook "Doesn' t Sell Data" ' , *Motherboard*, 11 April 2018.

8 Charlie Warzel and Ash Ngu, 'Google' s 4,000-Word Privacy Policy Is a Secret History of the Internet' , *New York Times*, 10 July 2019.

9 Rainer Forst, 'Noumenal Power' , *Journal of Political Philosophy* 23, 2015.

10 M. Weber, *Economy and Society* (Berkeley: University of California Press, 1978), 53.

11 Bertrand Russell, *Power. A New Social Analysis* (Routledge, 2004), 4.

12 Michel Foucault, *Discipline and Punish* (London: Penguin Books, 1977); Nico Stehr and Marian T. Adolf, 'Knowledge/Power/Resistance' , Society 55, 2018.

13 Hubert Dreyfus and Paul Rabinow, *Michel Foucault. Beyond Structuralism and Hermeneutics* (University of Chicago Press, 1982), 212.

14 Steven Lukes, *Power. A Radical View* (Red Globe Press, 2005).

15 Simon Parkin, 'Has Dopamine Got Us Hooked on Tech?' , *Guardian*, 4 March 2018.

16 https://www.britannica.com/topic/Stasi

17 Andrea Peterson, 'Snowden Filmmaker Laura Poitras: "Facebook is a Gift to Intelligence Agencies" ' , *Washington Post*, 23 October 2014.

18 Robert Booth, Sandra Laville and Shiv Malik, 'Royal Wedding: Police Criticised for Pre-Emptive Strikes Against Protestors' , *Guardian*, 29 April 2011.

19 Tae Kim, 'Warren Buffett Believes This Is "the Most Important Thing" to Find in a Business' , CNBC, 7 May 2018.

20 Associated Press, 'Google Records Your Location Even When You Tell It Not To' , *Guardian*, 13

August 2018.

21 Frank Tang, 'China Names 169 People Banned From Taking Flights or Trains Under Social Credit System', *South China Morning Post*, 2 June 2018.

22 Simina Mistreanu, 'Life Inside China's Social Credit Laboratory', *Foreign Policy*, 3 April 2018.

23 Orange Wang, 'China's Social Credit System Will Not Lead to Citizens Losing Access to Public Services, Beijing Says', *South China Morning Post*, 19 July 2019.

24 Nectar Gan, 'China Is Installing Surveillance Cameras Outside People's Front Doors . . . and Sometimes Inside Their Homes', CNN Business, 28 April 2020.

25 Hill's article mentions a list of other companies that score consumers and how to contact them to ask for your data. Kashmir Hill, 'I Got Access to My Secret Consumer Score. Now You Can Get Yours, Too', *New York Times*, 4 November 2019.

26 Edward Snowden, *Permanent Record*, 196 - 197.

27 Jamie Susskind, *Future Politics. Living Together in a World Transformed by Tech* (Oxford University Press, 2018), 103 - 107.

28 Jamie Susskind, *Future Politics. Living Together in a World Transformed by Tech*, 172.

第5章

1 I got the idea that manipulation makes the victim complicit in her own victimization from philosopher Robert Noggle. Workshop on Behavioural Prediction and Influence, 'The Moral Status of "Other Behavioral Influences"', University of Oxford (27 September 2019).

2 Richard Esguerra, 'Google CEO Eric Schmidt Dismisses the Importance of Privacy', *Electronic Frontier Foundation*, 10 December 2009.

3 Steven Levy, *In the Plex. How Google Thinks, Works, and Shapes Our Lives*, 175.

4 There is an argument to be made that we should be allowed to hide minor transgressions, but that is not one of the most important functions of privacy.

5 Carissa Vliz, 'Inteligencia artificial: progreso o retroceso?', *El País*, 14 June 2019.

6 Shoshana Zuboff, *The Age of Surveillance Capitalism*, 221 - 225.

7 Bent Flyvbjerg, *Rationality and Power. Democracy in Practice* (Chicago University Press, 1998), 36.

8 Safiya Noble, Algorithms of Oppression. How Search Engines Reinforce Racism (NYU Press, 2018); Caroline Criado Perez, *Invisible Women. Exposing Data Bias in a World Designed for Men* (Vintage, 2019).

9 James Zou and Londa Schiebinger, 'AI Can Be Sexist and Racist - It's Time to Make It Fair', *Nature* 559, 2018.

10 Danny Yadron, 'Silicon Valley Tech Firms Exacerbating Income Inequality, World Bank Warns',

Guardian, 15 January 2016.

11 https://www.energy.gov/articles/history-electric-car

12 Nick Bilton, 'Why Google Glass Broke', *New York Times*, 4 February 2015.

13 Nick Bilton, 'Why Google Glass Broke'.

14 Steven Poole, 'Drones the Size of Bees - Good or Evil?', *Guardian*, 14 June 2013.

15 Rose Eveleth, 'The Biggest Lie Tech People Tell Themselves - and the Rest of Us', *Vox*, 8 October 2019.

16 James Williams, *Stand Out of Our Light. Freedom and Resistance in the Attention Economy*.

17 Gmail no longer scans our emails for the purposes of personalised ads, but it did so up until 2017, and third-party apps continue to do so (though you can remove that access through your settings). Christopher Wylie, *Mindf*ck. Inside Cambridge Analytica's Plot to Break the World* (Profile, 2019), 15. Alex Hern, 'Google Will Stop Scanning Content of Personal Emails', *Guardian*, 26 June 2017. Kaya Yurieff, 'Google Still Lets Third-Party Apps Scan Your Gmail Data', *CNN Business*, 20 September 2018.

18 Christopher Wylie, *Mindf*ck. Inside Cambridge Analytica's Plot to Break the World* (Profile Books, 2019), 15.

19 Christopher Wylie, *Mindf*ck. Inside Cambridge Analytica's Plot to Break the World*, 16.

20 George Orwell, *Politics and the English Language* (Penguin, 2013).

21 'Nature's Language Is Being Hijacked By Technology', BBC News, 1 August 2019.

22 Christopher Wylie, *Mindf*ck. Inside Cambridge Analytica's Plot to Break the World*, 101 - 102.

23 Facebook allowed thousands of other developers to download the data of unknowing friends of people who had consented to use an app. They include the makers of games such as FarmVille, Tinder, and Barack Obama's presidential campaign. Facebook changed this policy in 2015. Elizabeth Dwoskin and Tony Romm, 'Facebook's Rules for Accessing User Data Lured More Than Just Cambridge Analytica', *Washington Post*, 20 March 2018.

24 Christopher Wylie, *Mindf*ck. Inside Cambridge Analytica's Plot to Break the World*, 110 - 111.

25 Brittany Kaiser, *Targeted. My Inside Story of Cambridge Analytica and How Trump, Brexit and Facebook Broke Democracy*, Ch 9, Ch 13.

26 Christopher Wylie, *Mindf*ck. Inside Cambridge Analytica's Plot to Break the World*, Ch 7.

27 https://www.channel4.com/news/cambridge-analytica-revealed-trumpselection-consultants-filmed-saying-they-use-bribes-and-sex-workers-toentrap-politicians-investigation

28 Cambridge Analytica accused Channel 4 of entrapment leading Nix to amend his statements regarding their activities. Emma Graham-Harrison, Carole Cadwalladr and Hilary Osborne, 'Cambridge Analytica Boasts of Dirty Tricks to Swing Elections', *Guardian*, 19 March 2018: https://www.theguardian.com/uk-news/2018/mar/19/cambridge-analytica-execsboast-dirty-tricks-honey-traps-elections

29 Christopher Wylie, *Mindf*ck. Inside Cambridge Analytica' s Plot to Break the World*, Ch 8.

30 Christopher Wylie, *Mindf*ck. Inside Cambridge Analytica' s Plot to Break the World*, 244.

31 Amber Macintyre, 'Who' s Working for Your Vote?' , *Tactical Tech*, 29 November 2018.

32 Lorenzo Franceschi-Bicchierai, 'Russian Facebook Trolls Got Two Groups of People to Protest Each Other in Texas' , *Motherboard*, 1 November 2017.

33 Gary Watson, 'Moral Agency' , *The International Encyclopedia of Ethics*(2013); John Christman, 'Autonomy in Moral and Political Philosophy' , in Edward N. Zalta (ed.), *The Stanford Encyclopedia of Philosophy* (2015).

34 Myrna Oliver, 'Legends Nureyev, Gillespie Die: Defector Was One of Century' s Great Dancers' , *Los Angeles Times*, 7 January 1993.

35 Jonathon W. Penney, 'Chilling Effects: Online Surveillance and Wikipedia Use' , *Berkeley Technology Law Journal* 31, 2016.

36 Karina Vold and Jess Whittlestone, 'Privacy, Autonomy, and Personalised Targeting: Rethinking How Personal Data Is Used' , in Carissa Vliz (ed.), *Data, Privacy, and the Individual* (Center for the Governance of Change, IE University, 2019).

37 Hamza Shaban, 'Google for the First Time Outspent Every Other Company to Influence Washington in 2017' , *Washington Post*, 23 January 2018.

38 Caroline Daniel and Maija Palmer, 'Google' s Goal: To Organise Your Daily Life' , *Financial Times*, 22 May 2007.

39 Holman W. Jenkins, 'Google and the Search for the Future' , *Wall Street Journal*, 14 August 2010.

40 Carissa Véliz, 'Privacy is a Collective Concern' , *New Statesman*, 22 October 2019.

41 Carissa Véliz, 'Data, Privacy & the Individual' (Madrid: Center for the Governance of Change, IE University, 2020).

42 Kristen V. Brown, 'What DNA Testing Companies' Terrifying Privacy Policies Actually Mean' .

43 Jody Allard, 'How Gene Testing Forced Me to Reveal My Private Health Information' , *Vice*, 27 May 2016.

44 https://blog.23andme.com/health-traits/sneezing-on-summer-solstice/

45 S. L. Schilit and A. Schilit Nitenson, 'My Identical Twin Sequenced our Genome' , *Journal of Genetic Counseling* 26, 2017.

46 Lydia Ramsey and Samantha Lee, 'Our DNA is 99.9% the Same as the Person Next to Us – and We' re Surprisingly Similar to a Lot of Other Living Things' , *Business Insider*, 3 April 2018.

47 Jocelyn Kaiser, 'We Will Find You: DNA Search Used to Nab Golden State Killer Can Home In On About 60% of White Americans' , *Science Magazine*, 11 October 2018.

48 Tamara Khandaker, 'Canada Is Using Ancestry DNA Websites To Help It Deport People' , *Vice*,

26 July 2018.

49 Jocelyn Kaiser, 'We Will Find You: DNA Search Used to Nab Golden State Killer Can Home In On About 60% of White Americans'.

50 Matthew Shaer, 'The False Promise of DNA Testing', *Atlantic*, June 2016.

51 Brendan I. Koerner, 'Your Relative's DNA Could Turn You Into a Suspect', *Wired*, 13 October 2015.

52 Erin E. Murphy, *Inside the Cell. The Dark Side of Forensic DNA* (Nation Books, 2015).

53 https://www.innocenceproject.org/overturning-wrongful-convictionsinvolving-flawed-forensics/

54 Javier de la Cueva, personal communication.

55 Kieron O' Hara and Nigel Shadbolt, 'Privacy on the Data Web', *Communications of the ACM* 53, 2010.

第6章

1 Robert B. Talisse, 'Democracy: What's It Good For?', *Philosophers' Magazine* 89, 2020.

2 'A Manifesto for Renewing Liberalism', *The Economist*, 15 September 2018.

3 Michael J. Abramowitz, 'Democracy in Crisis', *Freedom in the World* (2018).

4 The Economist Intelligence Unit, 'Democracy Index 2019. A Year of Democratic Setbacks and Popular Protest' (2019).

5 https://api.parliament.uk/historic-hansard/commons/1947/nov/11/parliament-bill

6 John Stuart Mill, *On Liberty* (Indianapolis: Hackett Publishing Company, 1978), Ch 3.

7 Thanks to Mauricio Surez for reminding me of democratic peace theory, and to Antonio Diguez for reminding me of Karl Popper's argument.

8 Karl Popper, *The Open Society and Its Enemies* (Routledge, 2002), 368.

9 George Orwell, *Fascism and Democracy* (Penguin, 2020), 6.

10 Steven Levitsky and Daniel Ziblatt, *How Democracies Die* (Penguin, 2018), 3.

11 Jonathan Wolff, 'The Lure of Fascism', *Aeon*, 14 April 2020.

12 Hidalgo argues that we should get rid of political representatives and instead have our digital assistants vote on our behalf. He claims this is a type of 'direct democracy', but I find that questionable - it could be argued that we would merely be exchanging our human representatives for digital ones. (Not that I think direct democracy is better than representative democracy.) https://www.ted.com/talks/cesar_hidalgo_a_bold_idea_to_replace_politicians

13 Sam Wolfson, 'For My Next Trick: Dynamo's Mission to Bring Back Magic', *Guardian*, 26 April 2020.

14 Cecilia Kang and Kenneth P. Vogel, 'Tech Giants Amass a Lobbying Army for an Epic

Washington Battle' , *New York Times*, 5 June 2019; Tony Romm, 'Tech Giants Led by Amazon, Facebook and Google Spent Nearly Half a Billion on Lobbying Over the Last Decade' , *Washington Post*, 22 January 2020.

15 Rana Foroohar, 'Year in a Word: Techlash' , *Financial Times*, 16 December 2018.

第7章

1 Tom Douglas, 'Why the Health Threat From Asbestos Is Not a Thing of the Past' , *The Conversation*, 21 December 2015.

2 Bruce Schneier, 'Data is a Toxic Asset, So Why Not Throw it Out?' , CNN, 1 March 2016.

3 Tom Lamont, 'Life After the Ashley Madison Affair' , *Observer*, 27 February 2016.

4 Rob Price, 'An Ashley Madison User Received a Terrifying Blackmail Letter' , *Business Insider*, 22 January 2016.

5 Chris Baraniuk, 'Ashley Madison: "Suicides" Over Website Hack' , BBCNews, 24 August 2015; 'Pastor Outed on Ashley Madison Commits Suicide' , Laurie Segall, CNN, 8 September 2015.

6 Jos Antonio Hernndez, 'Me han robado la identidad y estoy a base de lexatn; yo no soy una delincuente' , *El País*, 24 August 2016.

7 Siân Brooke and Carissa Véliz, 'Views on Privacy. A Survey' , *Data, Privacy & the Individual* (Center for the Governance of Change, IE University, 2020).

8 Alex Hern, 'Hackers Publish Private Photos From Cosmetic Surgery Clinic' .

9 Sin Brooke and Carissa Véliz, 'Views on Privacy. A Survey' .

10 Olivia Solon, 'Ashamed to Work in Silicon Valley: How Techies Became the New Bankers' , *Guardian*, 8 November 2017.

11 'FTC Imposes $5 Billion Penalty and Sweeping New Privacy Restrictions on Facebook' , FTC Press Release, 24 July 2019.

12 'Facebook Fined £500,000 for Cambridge Analytica Scandal' , BBC News, 25 October 2018.

13 'British Airways Faces Record £183m Fine for Data Breach' , BBC News, 8 July 2019.

14 David E. Sanger, 'Hackers Took Fingerprints of 5.6 Million U.S. Workers, Government Says' , *New York Times*, 23 September 2015.

15 Edward Wong, 'How China Uses LinkedIn to Recruit Spies Abroad' , *New York Times*, 27 August 2019.

16 Jordi Pérez Colomé, 'Por qué China roba datos privados de decenas de millones de estadounidenses' , *El País*, 17 February 2020.

17 On its dedicated settlement website, the company notes that 'Equifax denied any wrongdoing, and no judgment or finding of wrongdoing has been made.' https://www.equifaxbreachsettlement.

com. Equifax agreed to pay $700m as part of a settlement with the Federal Trade Commission (FTC). 'Equifax failed to take basic steps that may have prevented the breach', said the FTC's chairman Joe Simons. 'Equifax to pay up to $700m to Settle Data Breach', *BBC News*, 22 July 2019. The class action lawsuit against Equifax can be found at http://securities.stanford.edu/filingsdocuments/1063/EI00_15/2019128_r01x_17CV03463.pdf

18 Charlie Warzel, 'Chinese Hacking Is Alarming. So Are Data Brokers', *New York Times*, 10 February 2020.

19 Stuart A. Thompson and Charlie Warzel, 'Twelve Million Phones, One Dataset, Zero Privacy', *New York Times*, 19 December 2019.

20 Devin Coldewey, 'Grindr Sends HIV Status to Third Parties, and Some Personal Data Unencrypted', *TechCrunch*, 2 April 2018. The Norwegian Consumer Council Investigation into Grindr's consent mechanism resulted in Grindr rejecting a number of the report's suggestions whilst welcoming a best practice discussion: 'Grindr and Twitter Face 'Out of Control' Complaint', *BBC News*, 14 January 2020.

21 Echo Wang and Carl O'Donnell, 'Behind Grindr's Doomed Hookup in China, a Data Misstep and Scramble to Make Up', Reuters, 22 May 2019.

22 Casey Newton, 'How Grindr Became a National Security Issue', *Verge*, 28 March 2019.

23 Jeremy Hsu, 'The Strava Heat Map and the End of Secrets', *Wired*, 29 January 2018.

24 Colin Lecher, 'Strava Fitness App Quietly Added a New Opt-Out for Controversial Heat Map', *Verge*, 1 March 2018.

25 Pablo Guimn, '"Brexit Wouldn't Have Happened Without Cambridge Analytica"', *El País*, 27 March 2018.

26 Alex Hern, 'Facebook "Dark Ads" Can Swing Political Opinions, Research Shows', *Guardian*, 31 July 2017; Timothy Revell, 'How to Turn Facebook Into a Weaponised AI Propaganda Machine', *New Scientist*, 28 July 2017; Sue Halpern, 'Cambridge Analytica and the Perils of Psychographics', *New Yorker*, 30 March 2018.

27 Angela Chen and Alessandra Potenza, 'Cambridge Analytica's Facebook Data Abuse Shouldn't Get Credit for Trump', *Verge*, 20 March 2018; Kris-Stella Trump, 'Four and a Half Reasons Not to Worry That Cambridge Analytica Skewed the 2016 Election', *Washington Post*, 23 March 2018.

28 The paper describes carrying out a randomized control trial 'with all users of at least 18 years of age in the United States who accessed the Facebook website on 2 November 2010'. Presumably Facebook assumed that their study was covered under its terms and conditions – an extremely questionable assumption. A similar controversy ensued in 2014, when Facebook published a study on emotional contagion. Kashmir Hill, a reporter, pointed out that Facebook had added to its User Agreement the possibility of data being used for research four months after the study took place. Even

then, it is arguably not the case that agreeing to terms and conditions that most people don' t read can count as informed consent. Kashmir Hill, 'Facebook Added "Research" To User Agreement 4 Months After Emotion Manipulation Study', *Forbes*, 30 June 2014.

29 M. Bond, C. J. Fariss, J. J. Jones, A. D. Kramer, C. Marlow, J. E. Settle and J. H. Fowler, 'A 61-Million-Person Experiment in Social Influence and Political Mobilization', *Nature* 489, 2012.

30 Jay Caruso, 'The Latest Battleground Poll Tells Us Democrats Are OverCorrecting for 2020 – and They Can' t Beat Trump That Way', *Independent*, 5 November 2019.

31 Hannes Grassegger, 'Facebook Says Its "Voter Button" Is Good for Turnout. But Should the Tech Giant Be Nudging Us at All?', *Observer*, 15 April 2018.

32 John Gramlich, '10 Facts About Americans and Facebook', Pew ResearchCenter, 16 May 2019.

33 Wired counted twenty-one scandals just for 2018. Issie Lapowsky, 'The 21 (and Counting) Biggest Facebook Scandals of 2018', *Wired*, 20 December 2018.

34 Cecilia Kang and Mike Isaac, 'Defiant Zuckerberg Says Facebook Won' t Police Political Speech', New York Times, 17 October 2019. As this book was about to go to press, Facebook announced some changes shortly after more than 100 brands pulled advertising from the platform amid backlash over Facebook' s policies on hate speech. Facebook said it will remove posts that incite violence or attempt to suppress voting, and affix labels on newsworthy posts that violate other policies, much like Twitter does. Kari Paul, 'Facebook Policy Changes Fail to Quell Advertiser Revolt as Coca-Cola Pulls Ads', *Guardian*, 27 June 2020.

35 Tim Wu, 'Facebook Isn' t Just Allowing Lies, It' s Prioritizing Them', New York Times, 4 November 2019.

36 David Smith, 'How Key Republicans Inside Facebook Are Shifting Its Politics to the Right', *Guardian*, 3 November 2019.

37 Jonathan Zittrain, 'Facebook Could Decide an Election Without Anyone Ever Finding Out', *New Statesman*, 3 June 2014.

38 Whistleblowers Chris Wylie and Brittany Kaiser both claim that Cambridge Analytica engaged in voter suppression. Donie O' Sullivan and Drew Griffin, 'Cambridge Analytica Ran Voter Suppression Campaigns, Whistleblower Claims', CNN 17 May 2018; Brittany Kaiser, *Targeted. My Inside Story of Cambridge Analytica and How Trump, Brexit and Facebook Broke Democracy*, 231.

第8章

1 John Stuart Mill, *Collected Works of John Stuart Mill* (University of Toronto Press, 1963), vol. 21, 262.

2 Thomas Nagel, 'Concealment and Exposure', *Philosophy and Public Affairs* 27, 1998.

3 Anna Lauren Hoffman, ‘Facebook is Worried About Users Sharing Less - But it Only Has Itself to Blame’, *Guardian*, 19 April 2016.

4 Thomas Nagel, ‘Concealment and Exposure’.

5 Edwin Black, *IBM and the Holocaust* (Washington, DC: Dialog Press, 2012), Ch 11.

6 William Seltzer and Margo Anderson, ‘The Dark Side of Numbers: The Role of Population Data Systems in Human Rights Abuses’, *Social Research* 68, 2001.

7 William Seltzer and Margo Anderson, ‘The Dark Side of Numbers: The Role of Population Data Systems in Human Rights Abuses’.

8 Hans de Zwart, ‘During World War II, We Did Have Something to Hide’, *Medium*, 30 April 2015.

9 Thomas Douglas and Lauren Van den Borre, ‘Asbestos Neglect: Why Asbestos Exposure Deserves Greater Policy Attention’, *Health Policy* 123, 2019.

第9章

1 Fiona Harvey, ‘Ozone Layer Finally Healing After Damage Caused by Aerosols, UN Says’, *Guardian*, 5 November 2018.

2 ‘Update Report Into Adtech and Real Time Bidding’ (United Kingdom: Information Commissioner’ s Office, 2019).

3 Jesse Frederik and Maurits Martijn, ‘The New Dot Com Bubble Is Here: It’ s Called Online Advertising ’, *Correspondent*, 6 November 2019.

4 Keach Hagey, ‘Behavioral Ad Targeting Not Paying Off for Publishers, Study Suggests’, *Wall Street Journal*, 29 May 2019.

5 Laura Bassett, ‘Digital Media Is Suffocating - and It’ s Facebook and Google’ s Fault’, *American Prospect*, 6 May 2019.

6 Natasha Lomas, ‘The Case Against Behavioral Advertising Is Stacking Up’, *TechCrunch*, 20 January 2019.

7 Mark Weiss, ‘Digiday Research: Most Publishers Don’ t Benefit From Behavioral Ad Targeting’, *Digiday*, 5 June 2019.

8 Jessica Davies, ‘After GDPR, The New York Times Cut Off Ad Exchanges in Europe - and Kept Growing Ad Revenue’, *Digiday*, 16 January 2019.

9 Tiffany Hsu, ‘The Advertising Industry Has a Problem: People Hate Ads’ ,*New York Times*, 28 October 2019.

10 David Ogilvy, *Confessions of an Advertising Man* (Harpenden: Southbank Publishing, 2013), 17, 114.

11 Louise Matsakis, ‘Online Ad Targeting Does Work - As Long As It’ s Not Creepy’, Wired, 11

May 2018; Tami Kim, Kate Barasz and Leslie K. John, 'Why Am I Seeing This Ad? The Effect of Ad Transparency on Ad Effectiveness' , *Journal of Consumer Research* 45, 2019.

12 Rani Molla, 'These Publications Have the Most to Lose From Facebook' s New Algorithm Changes' , *Vox*, 25 January 2018.

13 Emily Bell, 'Why Facebook' s News Feed Changes Are Bad News For Democracy' , Guardian, 21 January 2018; Dom Phillips, 'Brazil' s Biggest Newspaper Pulls Content From Facebook After Algorithm Change' , *Guardian*, 8 February 2018.

14 Gabriel Weinberg, 'What If We All Just Sold Non-Creepy Advertising?' , *New York Times*, 19 June 2019.

15 David Ogilvy, *Confessions of an Advertising Man*, 168, 112, 127.

16 Chlo Michel, Michelle Sovinsky, Eugenio Proto and Andrew Oswald, 'Advertising as a Major Source of Human Dissatisfaction: Cross-National Evidence on One Million Europeans' , in M. Rojas (ed.), *The Economics of Happiness* (Springer, 2019).

17 'Economic Impact of Advertising in the United States' (IHS Economics and Country Risk, 2015).

18 'United States of America – Contribution of Travel and Tourism to GDP as a Share of GDP' (Knoema, 2018).

19 'Something Doesn' t Ad Up About America' s Advertising Market' , *The Economist*, 18 January 2018.

20 Eli Rosenberg, 'Quote: The Ad Generation' , *The Atlantic*, 15 April 2011.

21 'Something Doesn' t Ad Up About America' s Advertising Market' .

22 Robert O' Harrow Jr, 'Online Firm Gave Victim' s Data to Killer' , *Chicago Tribune*, 6 January 2006.

23 Natasha Singer, 'Data Broker Is Charged With Selling Consumers' Financial Details to "Fraudsters" ' .

24 David A. Hoffman, 'Intel Executive: Rein In Data Brokers' , *New York Times*, 15 July 2019.

25 Elizabeth Dwoskin, 'FTC: Data Brokers Can Buy Your Bank Account Number for 50 Cents' , *Wall Street Journal*, 24 December 2014; Julia Angwin, *Dragnet Nation* (New York: Times Books, 2014), 7.

26 Joana Moll, 'The Dating Brokers: An Autopsy of Online Love' , October 2018;

27 Alex Hern, 'Apple Contractors "Regularly Hear Confidential Details" on Siri Recordings' , Guardian, 26 July 2019; Alex Hern, 'Facebook Admits Contractors Listened to Users' Recordings Without Their Knowledge' , *Guardian*, 14 August 2019; Joseph Cox, 'Revealed: Microsoft Contractors Are Listening to Some Skype Calls'· , *Motherboard*, 7 August 2019; Austin Carr, Matt Day, Sarah Frier and Mark Gurman, 'Silicon Valley Is Listening to Your Most Intimate Moments' , Bloomberg Businessweek, 11 December 2019; Alex Hern, 'Apple Whistleblower Goes Public Over "Lack of

Action" ', *Guardian*, 20 May 2020.

28 Nigel Shadbolt and Roger Hampson, *The Digital Ape. How to Live (in Peace) with Smart Machines* (Oxford University Press, 2019), 318.

29 Gabriel J. X. Dance, Michael LaForgia and Nicholas Confessore, 'As Facebook Raised a Privacy Wall, It Carved an Opening for Tech Giants' .

30 Shoshana Zuboff, *The Age of Surveillance Capitalism*, 138 - 155.

31 I take this example from an interview with Aaron Roth (he used the Trump campaign to illustrate the method): https://twimlai.com/twiml-talk-132-differential-privacy-theory-practice-with-aaron-roth/

32 Rachel Metz, 'The Smartphone App That Can Tell You' re Depressed Before You Know it Yourself' , *MIT Technology Review*, 15 October 2018.

33 Michal Kosinski, David Stillwell and Thore Graepel, 'Private Traits and Attributes Are Predictable From Digital Records of Human Behavior' , PNAS 110, 2013.

34 Christopher Burr and Nello Cristianini, 'Can Machines Read our Minds?' , *Minds and Machines* 29, 2019.

35 Michal Kosinski, David Stillwell and Thore Graepel, 'Private traits and attributes are predictable from digital records of human behavior' .

36 Alexis Kramer, 'Forced Phone Fingerprint Swipes Raise Fifth Amendment Questions' , *Bloomberg Law*, 7 October 2019.

37 Jack M. Balkin, 'Information Fiduciaries and the First Amendment' , UCDavis Law Review 49, 2016; Jonathan Zittrain, 'How to Exercise the Power You Didn' t Ask For' , *Harvard Business Review*, 19 September 2018.

38 Alice MacLachlan, 'Fiduciary Duties and the Ethics of Public Apology' , *Journal of Applied Philosophy* 35, 2018.

39 Lina Khan and David E. Pozen, 'A Skeptical View of Information Fiduciaries' , *Harvard Law Review* 133, 2019.

40 Bruce Schneier, *Click Here to Kill Everybody. Security and Survival in a Hyper-Connected World*, 134.

41 Andy Greenberg, 'How Hacked Water Heaters Could Trigger Mass Blackouts' , *Wired*, 13 August 2018. Russia caused a blackout in Ukraine in 2016 through a cyberattack. Andy Greenberg, 'New Clues Show How Russia' s Grid Hackers Aimed for Physical Destruction' , *Wired*, 12 September 2019.

42 Sean Lyngaas, 'Hacking Nuclear Systems Is the Ultimate Cyber Threat. Are We Prepared?' , *Verge*, 23 January 2018.

43 Will Dunn, 'Can Nuclear Weapons Be Hacked?' , *New Statesman*, 7 May 2018. The United States and Israel obstructed Iran' s nuclear programme through a cyberattack (Stuxnet). Ellen Nakashima and Joby Warrick, 'Stuxnet Was Work of US and Israeli Experts, Officials Say' , *Washington Post*, 2

June 2012. A more worrying attack would be one that tries to activate a nuclear weapon.

44 Matthew Wall, '5G: "A Cyber-Attack Could Stop the Country" ', *BBC News*, 25 October 2018.

45 Jillian Ambrose, 'Lights Stay On Despite Cyber-Attack on UK' s Electricity System', *Guardian*, 14 May 2020.

46 'WHO Reports Fivefold Increase in Cyber Attacks, Urges Vigilance' (https://www.who.int/news-room/detail/23-04-2020-who-reports-fivefoldincrease-in-cyber-attacks-urges-vigilance).

47 Bruce Schneier, *Click Here to Kill Everybody. Security and Survival in a Hyper-Connected World*, 118 - 119.

48 Bruce Schneier, *Click Here to Kill Everybody. Security and Survival in a Hyper-Connected World*, 32 - 33, 168.

49 Gary Marcus, 'Total Recall: The Woman Who Can' t Forget', *Wired*, 23 March 2009.

50 Viktor Mayer-Schnberger, *Delete. The Virtue of Forgetting in the Digital Age* (Princeton University Press, 2009), 39 - 45.

51 Viktor Mayer-Schnberger, *Delete. The Virtue of Forgetting in the Digital Age*, Ch 4.

52 I take this example from Carl Bergstrom and Jevin West' s analysis of a paper that claims that an algorithm can determine whether someone is a criminal from analysing a facial image. 'Criminal Machine Learning' : https://callingbullshit.org/case_studies/case_study_criminal_machine_learning.html

53 Julia Powles and Enrique Chaparro, 'How Google Determined Our Right to be Forgotten', *Guardian*, 18 February 2015.

54 Some of these and other good suggestions can be found in Bruce Schneier, *Data and Goliath*, Ch 13.

55 David Cole, ' "We Kill People Based on Metadata" ', *New York Review of Books*, 10 May 2014.

56 Evan Selinger and Woodrow Hartzog, 'What Happens When Employers Can Read Your Facial Expressions?', *New York Times*, 17 October 2019; Woodrow Hartzog and Evan Selinger, 'Facial Recognition Is the Perfect Tool for Oppression', *Medium*, 2 August 2018.

57 Tom Miles, 'UN Surveillance Expert Urges Global Moratorium on Sale of Spyware', *Reuters*, 18 June 2019.

58 Sarah Parcak, 'Are We Ready for Satellites That See Our Every Move?', *New York Times*, 15 October 2019.

59 Amy Maxmen, 'Surveillance Science', *Nature* 569, 2019.

60 The Mission to Create a Searchable Database of Earth' s Surface (https://www.ted.com/talks/will_marshall_the_mission_to_create_a_searchable_database_of_earth_s_surface).

61 Adam Satariano, 'Europe' s Privacy Law Hasn' t Shown Its Teeth, Frustrating Advocates', *New York Times*, 27 April 2020.

62 Lois Beckett, 'Under Digital Surveillance: How American Schools Spy on Millions of Kids', *Guardian*, 22 October 2019.

63 Tristan Louis, 'How Much Is a User Worth?', *Forbes*, 31 August 2013.

64 James H. Wilson, Paul R. Daugherty and Chase Davenport, 'The Future of AI Will Be About Less Data, Not More', *Harvard Business Review*, 14 January 2019.

65 Bruce Schneier and James Waldo, 'AI Can Thrive in Open Societies', *Foreign Policy*, 13 June 2019.

66 Eliza Strickland, 'How IBM Watson Overpromised and Underdelivered on AI Health Care', *IEEE Spectrum*, 2 April 2019.

67 Martin U. Mller, 'Medical Applications Expose Current Limits of AI', *Spiegel*, 3 August 2018.

68 Angela Chen, 'IBM' s Watson Gave Unsafe Recommendations For Treating Cancer', *Verge*, 26 July 2018.

69 Hal Hodson, 'Revealed: Google AI Has Access to Huge Haul of NHSPatient Data', *New Scientist*, 29 April 2016.

70 The ICO found that the Royal Free-DeepMind trial failed to comply with data protection law: https://ico.org.uk/about-the-ico/news-and-events/news-and-blogs/2017/07/royal-free-google-deepmind-trial-failed-tocomply-with-data-protection-law/

71 Julia Powles, 'DeepMind' s Latest AI Health Breakthrough Has Some Problems', *Medium*, 6 August 2019.

72 Xiaoxuan Liu, Livia Faes, Aditya U. Kale, Siegfried K. Wagner, Dun Jack Fu, Alice Bruynseels, Thushika Mahendiran, Gabriella Moraes, Mohith Shamdas, Christoph Kern, Joseph R. Ledsam, Martin K. Schmid, Konstantinos Balaskas, Eric J. Topol, Lucas M. Machmann, Pearse A. Keane and Alastair K. Denniston, 'A Comparison of Deep Learning Performance Against Health-Care Professionals in Detecting Diseases From Medical Imaging: A Systematic Review and Meta-Analysis', *Lancet Digital Health* 1, 2019.

73 L. Wang, L. Ding, Z. Liu, L. Sun, L. Chen, R. Jia, X. Dai, J. Cao and J. Ye, 'Automated Identification of Malignancy in Whole-Slide Pathological Images: Identification of Eyelid Malignant Melanoma in Gigapixel Pathological Slides Using Deep Learning', *British Journal of Ophthalmology* 104, 2020.

74 Margi Murphy, 'Privacy Concerns as Google Absorbs Deepmind' s Health Division', *Telegraph*, 13 November 2018.

75 Julia Powles and Hal Hodson, 'Google DeepMind and Healthcare in an Age of Algorithms'.

76 Anne Trafton, 'Artificial Intelligence Yields New Antibiotic', MIT News Office, 20 February 2020.

77 Lorenzo Tondo, 'Scientists Say Mass Tests in Italian Town Have Halted Covid-19 There',

Guardian, 18 March 2020.

78 Yves-Alexandre de Montjoye and his team have written a blog post about what they think are the biggest risks of coronavirus apps. Yves-Alexandre de Montjoye, Florimond Houssiau, Andrea Gadotti and Florent Guepin, 'Evaluating COVID-19 Contact Tracing Apps? Here Are 8 Privacy Questions We Think You Should Ask', Computational Privacy Group, 2 April 2020 (https://cpg.doc.ic.ac.uk/blog/evaluating-contact-tracing-appshere-are-8-privacy-questions-we-think-you-should-ask/).

79 https://www.youtube.com/watch?v=_mzcbXi1Tkk

80 Naomi Klein, *The Shock Doctrine* (Random House, 2007).

81 Paul Mozur, Raymond Zhong and Aaron Krolik, 'In Coronavirus Fight, China Gives Citizens a Color Code, With Red Flags', *New York Times*, 1 March 2020.

82 Naomi Klein, 'Screen New Deal', *Intercept*, 8 May 2020.

83 Naomi Klein, 'Screen New Deal'.

84 Oscar Williams, 'Palantir's NHS Data Project "may outlive coronavirus crisis"', *New Statesman*, 30 April 2020.

85 Nick Statt, 'Peter Thiel's Controversial Palantir Is Helping Build a Coronavirus Tracking Tool for the Trump Admin', *Verge*, 21 April 2020.

86 Amy Thomson and Jonathan Browning, 'Peter Thiel's Palantir Is Given Access to U.K. Health Data on Covid-19 Patients', *Bloomberg*, 5 June 2020.

87 João Carlos Magalhães and Nick Couldry, 'Tech Giants Are Using This Crisis to Colonize the Welfare System', *Jacobin*, 27 April 2020.

88 Jon Henley and Robert Booth, 'Welfare Surveillance System Violates Human Rights, Dutch Court Rules', *Guardian*, 5 February 2020.

89 Yuval Harari, 'The World After Coronavirus', *Financial Times*, 20 March 2020.

90 'Big Tech's $2trn Bull Run', *The Economist*, 22 February 2020.

第10章

1 Carissa Véliz, 'Why You Might Want to Think Twice About Surrendering Online Privacy for the Sake of Convenience', *The Conversation*, 11 January 2017.

2 Chris Wood, 'WhatsApp Photo Drug Dealer Caught By "Groundbreaking" Work', BBC News, 15 April 2018; Zoe Kleinman, 'Politician's Fingerprint "Cloned From Photos" By Hacker', BBC News, 29 December 2014.

3 Leo Kelion, 'Google Chief: I'd Disclose Smart Speakers Before Guests Enter My Home', BBC News, 15 October 2019.

4 In the Netherlands, a court has ordered a grandmother to delete all photos of her grandchildren that

she posted on Facebook without their parents' permission. 'Grandmother Ordered to Delete Facebook Photos Under GDPR', BBC News, 21 May 2020.

5 Sonia Bokhari, 'I' m 14, and I Quit Social Media After Discovering What Was Posted About Me', *Fast Company*, 18 March 2019.

6 Sara Salinas, 'Six Top US Intelligence Chiefs Caution Against Buying Huawei Phones', CNBC, 13 February 2018.

7 Julien Gamba, Mohammed Rashed, Abbas Razaghpanah, Juan Tapiador and Narseo Vallina-Rodriguez, 'An Analysis of Pre-Installed Android Software', 41st IEEE Symposium on Security and Privacy, 2019.

8 Parmy Olson, 'Exclusive: WhatsApp Cofounder Brian Acton Gives the Inside Story On #DeleteFacebook and Why He Left $850 Million Behind', *Forbes*, 26 September 2018.

9 William Turton, 'Why You Should Stop Using Telegram Right Now', *Gizmodo*, 24 June 2016.

10 Thanks to Ian Preston for letting me know about this trick.

11 https://blog.mozilla.org/security/2020/02/06/multi-account-containerssync/

12 TJ McCue, '47 Percent of Consumers Are Blocking Ads', *Forbes*, 19 March 2019.

13 Christopher Wylie, *Mindf*ck. Inside Cambridge Analytica*' s Plot to Break the World, 114.

14 Kim Zetter, 'The NSA Is Targeting Users of Privacy Services, Leaked Code Shows', *Wired*, 3 July 2014.

15 Kate O' Flaherty, 'Facebook Shuts Its Onavo Snooping App - But It Will Continue to Abuse User Privacy', *Forbes*, 22 February 2019.

16 Here are some guides to get you started, but you might want to check whether there are more up-to-date ones online: 'The Default Privacy Settings You Should Change and How to Do It', *Medium*, 18 July 2018; J. R. Raphael, '7 Google Privacy Settings You Should Revisit Right Now', *Fast Company*, 17 May 2019; Preston Gralla, 'How to Protect Your Privacy on Facebook', *Verge*, 7 June 2019.

17 Alex Hern, 'Are You A "Cyberhoarder"? Five Ways to Declutter Your Digital Life - From Emails to Photos', *Guardian*, 10 October 2018.

18 K. G. Orphanides, 'How to Securely Wipe Anything From Your Android, iPhone or PC', *Wired*, 26 January 2020.

19 For a list of the 10,000 most common passwords that you should avoid, see https://en.wikipedia.org/wiki/Wikipedia:10,000_most_common_
passwords.

20 Finn Brunton and Helen Nissenbaum, *Obfuscation. A User' s Guide for Privacy and Protest* (Cambridge MA: MIT Press, 2015), 1.

21 Alfred Ng, 'Teens Have Figured Out How to Mess With Instagram' s Tracking Algorithm',

CNET, 4 February 2020.

22 Hilary Osborne, 'Smart Appliances May Not be Worth Money in the Long Run, Warns Which?', *Guardian*, 8 June 2020.

23 Edwin Black, *IBM and the Holocaust*.

24 In reference to the Rohingya persecution, already Facebook has admitted to not 'doing enough to help prevent' the platform 'from being used to foment division and incite offline violence'. Hannah Ellis-Petersen, 'Facebook Admits Failings Over Incitement to Violence in Myanmar', *Guardian*, 6 November 2018.

25 Jack Poulson, 'I Used to Work for Google: I Am a Conscientious Objector', *New York Times*, 23 April 2019.

26 In the UK, Digital Catapult offers this kind of service. Full disclosure: I' m currently a member of its Ethics Committee.

27 Andy Greenberg, 'A Guide to Getting Past Customs With Your Digital Privacy Intact', *Wired*, 12 February 2017.

28 Stphane Hessel, *The Power of Indignation* (Skyhorse Publishing, 2012).

29 'The Data Economy. Special Report', *The Economist*, 20 February 2020.

總結

1 Yuval Harari, 'The World After Coronavirus'

參考文獻

Abramowitz, Michael J., 'Democracy in Crisis', *Freedom in the World* (2018)

Ajunwa, Ifeoma, Kate Crawford and Jason Schultz, 'Limitless Worker Surveillance', *California Law Review* 105, 2017

Allard, Jody, 'How Gene Testing Forced Me to Reveal My Private Health Information', *Vice*, 27 May 2016

Ambrose, Jillian, 'Lights Stay On Despite Cyber-Attack on UK's Electricity System', *Guardian*, 14 May 2020

Angwin, Julia, *Dragnet Nation* (New York: Times Books, 2014)

Angwin, Julia, Jeff Larson, Charlie Savage, James Risen, Henrik Moltke and Laura Poitras, 'NSA Spying Relies on AT&T's "Extreme Willingness to Help"', *ProPublica*, 15 August 2015

Associated Press, 'Google Records Your Location Even When You Tell It Not To', *Guardian*, 13 August 2018

Balkin, Jack M., 'Information Fiduciaries and the First Amendment', *UC Davis Law Review* 49, 2016

Bamford, Roxanne, Benedict Macon-Cooney, Hermione Dace and Chris Yiu, 'A Price Worth Paying: Tech, Privacy and the Fight Against Covid-19' (Tony Blair Institute for Global Change, 2020)

Baraniuk, Chris, 'Ashley Madison: "Suicides" Over Website Hack', BBC News, 24 August 2015

Bassett, Laura, 'Digital Media Is Suffocating - and It's Facebook and Google's Fault', *American Prospect*, 6 May 2019

Battelle, John, 'The Birth of Google', *Wired*, 1 August 2005

Baxter, Michael, 'Do Connected Cars Pose a Privacy Threat?', *GDPR: Report*, 1 August 2018

Beckett, Lois, 'Everything We Know About What Data Brokers Know About You', *ProPublica*, 13 June 2014

Beckett, Lois, 'Under Digital Surveillance: How American Schools Spy on Millions of Kids', *Guardian*, 22 October 2019

Bell, Emily, 'Why Facebook's News Feed Changes Are Bad News for Democracy', *Guardian*, 21 January 2018

Bharat, Krishna, Stephen Lawrence and Meham Sahami, 'Generating User Information for Use in Targeted Advertising' (2003)

Biba, Erin, 'How Connected Car Tech Is Eroding Personal Privacy', BBC News, 9 August 2016

Biddle, Sam, 'For Owners of Amazon's Ring Security Cameras, Strangers May Have Been Watching Too', *Intercept*, 10 January 2019

Biddle, Sam, 'How Peter Thiel' s Palantir Helped the NSA Spy on the Whole World' , *Intercept*, 22 February 2017

Biddle, Sam, 'In Court, Facebook Blames Users for Destroying Their Own Right to Privacy' , *Intercept*, 14 June 2014

'Big Tech' s $2trn Bull Run' , *The Economist*, 22 February 2020

Bilton, Nick, 'Why Google Glass Broke' , *New York Times*, 4 February 2015

Black, Edwin, *IBM and the Holocaust* (Washington, DC: Dialog Press, 2012)

Bokhari, Sonia, 'I' m 14, and I Quit Social Media After Discovering What Was Posted About Me' , *Fast Company*, 18 March 2019

Bond, Robert M. et al, 'A 61-Million-Person Experiment in Social Influence and Political Mobilization' , *Nature* 489, 2012

Booth, Robert, Sandra Laville and Shiv Malik, 'Royal Wedding: Police Criticised for Pre-Emptive Strikes Against Protestors' , *Guardian*, 29 April 2011

Brin, Sergey and Lawrence Page, 'The Anatomy of a Large-Scale Hypertextual Web Search Engine' , *Computer Networks and ISDN Systems* 30, 1998

'British Airways Faces Record £183m Fine for Data Breach' , BBC News, 8 July 2019

Brooke, Siân and Carissa Véliz, 'Views on Privacy. A Survey' , *Data, Privacy & the Individual* (Center for the Governance of Change, IE University, 2020)

Brown, Kristen V., 'What DNA Testing Companies' Terrifying Privacy Policies Actually Mean' , *Gizmodo*, 18 October 2017

Brunton, Finn and Helen Nissenbaum, *Obfuscation. A User' s Guide for Privacy and Protest* (Cambridge MA: MIT Press, 2015)

Bryant, Ben, 'VICE News Investigation Finds Signs of Secret Phone Surveillance Across London' , *Vice*, 15 January 2016

Burgess, Matt, 'More Than 1,000 UK Schools Found To Be Monitoring Children With Surveillance Software' , *Wired*, 8 November 2016

Burr, Christopher and Nello Cristianini, 'Can Machines Read our Minds?' , *Minds and Machines* 29, 2019

Carr, Austin, Matt Day, Sarah Frier and Mark Gurman, 'Silicon Valley Is Listening to Your Most Intimate Moments' , *Bloomberg Businessweek*, 11 December 2019

Jay Caruso, 'The Latest Battleground Poll Tells Us Democrats Are Over-Correcting for 2020 – and They Can' t Beat Trump That Way' , *Independent*, 5 November 2019

Chen, Angela, 'IBM' s Watson Gave Unsafe Recommendations For Treating Cancer' , *Verge*, 26 July 2018

Chen, Angela and Alessandra Potenza, 'Cambridge Analytica' s Facebook Data Abuse Shouldn' t Get

Credit for Trump', *Verge*, 20 March 2018

Christman, John, 'Autonomy in Moral and Political Philosophy', in Edward N. Zalta (ed.), *The Stanford Encyclopedia of Philosophy* (2015)

Clifford, Stephanie and Quentin Hardy, 'Attention, Shoppers: Store Is Tracking Your Cell', *New York Times*, 14 July 2013

Cockburn, Harry, 'The UK's Strangest Laws That Are Still Enforced', *Independent*, 8 September 2016

Coldewey, Devin, 'Grindr Send HIV Status to Third Parties, and Some Personal Data Unencrypted', *TechCrunch*, 2 April 2018

Cole, David, '"We Kill People Based on Metadata"', *New York Review of Books*, 10 May 2014

Cox, Joseph, 'I Gave a Bounty Hunter $300. Then He Located Our Phone', *Motherboard*, 8 January 2019

Cox, Joseph, 'Revealed: Microsoft Contractors Are Listening to Some Skype Calls', *Motherboard*, 7 August 2019

Criado Perez, Caroline, *Invisible Women. Exposing Data Bias in a World Designed for Men* (Vintage, 2019)

Curran, Dylan, 'Are You Ready? Here Is All The Data Facebook And Google Have On You', *Guardian*, 30 March 2018

Dance, Gabriel J. X., Michael LaForgia and Nicholas Confessore, 'As Facebook Raised a Privacy Wall, It Carved an Opening for Tech Giants', *New York Times*, 18 December 2018

Daniel, Caroline and Maija Palmer, 'Google's Goal: To Organise Your Daily Life', *Financial Times*, 22 May 2007

'The Data Economy. Special Report', *The Economist*, 20 February 2020

Davies, Jessica, 'After GDPR, The New York Times Cut Off Ad Exchanges in Europe – and Kept Growing Ad Revenue', *Digiday*, 16 January 2019

de Montjoye, Y. A., C. A. Hidalgo, M. Verleysen and V. D. Blondel, 'Unique in the Crowd: The Privacy Bounds of Human Mobility', *Scientific Reports* 3, 2013

de Montjoye, Y. A., L. Radaelli, V. K. Singh and A. S. Pentland, 'Identity and privacy. Unique in the Shopping Mall: On the Reidentifiability of Credit Card Metadata', *Science* 347, 2015

de Zwart, Hans, 'During World War II, We Did Have Something to Hide', *Medium*, 30 April 2015

'The Default Privacy Settings You Should Change and How to Do It', Medium, 18 July 2018

Digital, Culture, Media and Sport Committee, 'Disinformation and "Fake News": Final Report' (House of Commons, 2019)

Douglas, Thomas and Lauren Van den Borre, 'Asbestos neglect: Why asbestos exposure deserves greater policy attention', *Health Policy* 123, 2019

Dreyfus, Hubert and Paul Rabinow, *Michel Foucault. Beyond Structuralism and Hermeneutics* (University of Chicago Press, 1982)

Dubois, Daniel J., Roman Kolcun, Anna Maria Mandalari, Muhammad Talha Paracha, David Choffnes and Hamed Haddadi, 'When Speakers Are All Ears', *Proceedings on 20th Privacy Enhancing Technologies Symposium*, 2020

Dunn, Will, 'Can Nuclear Weapons Be Hacked?', *New Statesman*, 7 May 2018

Dunne, Carey, 'Ten easy encryption tips for warding off hackers, the USgovernment - and Russia', *Quartz*, 4 January 2017

Dwoskin, Elizabeth, 'FTC: Data Brokers Can Buy Your Bank Account Number for 50 Cents', *Wall Street Journal*, 24 December 2014

Dwoskin, Elizabeth and Tony Romm, 'Facebook' s Rules for Accessing User Data Lured More Than Just Cambridge Analytica', *Washington Post*, 20 March 2018

'Economic Impact of Advertising in the United States' (IHS Economics and Country Risk, 2015)

The Economist Intelligence Unit, 'Democracy Index 2019. A Year of Democratic Setbacks and Popular Protest' (2019)

Edwards, Douglas, *I' m Feeling Lucky: The Confessions of Google Employee Number 59* (Houghton Mifflin Harcourt, 2011)

Ellis-Petersen, Hannah, 'Facebook Admits Failings Over Incitement to Violence in Myanmar', *Guardian*, 6 November 2018

Englehardt, Steven, Jeffrey Han and Arvind Narayanan, 'I Never Signed Up For This! Privacy Implications of Email Tracking', *Proceedings on Privacy Enhancing Technologies* 1, 2018

Esguerra, Richard, 'Google CEO Eric Schmidt Dismisses the Importance of Privacy', *Electronic Frontier Foundation*, 10 December 2009

Eveleth, Rose, 'The Biggest Lie Tech People Tell Themselves - and the Rest of Us', *Vox*, 8 October 2019

'Facebook Fined £500,000 for Cambridge Analytica Scandal', BBC News, 25 October 2018

Flyvbjerg, Bent, *Rationality and Power. Democracy in Practice* (Chicago University Press, 1998)

Foroohar, Rana, 'Year in a Word: Techlash', *Financial Times*, 16 December 2018

Forst, Rainer, 'Noumenal Power', *Journal of Political Philosophy* 23, 2015

Foucault, Michel, *Discipline and Punish* (London: Penguin Books, 1977)

Fowler, Geoffrey, 'The Doorbells Have Eyes: The Privacy Battle Brewing Over Home Security Cameras', *Washington Post*, 31 January 2019

Franceschi-Bicchierai, Lorenzo, 'Russian Facebook Trolls Got Two Groups of People to Protest Each Other in Texas', *Motherboard*, 1 November 2017

Frederik, Jesse and Maurits Martijn, 'The New Dot Com Bubble Is Here: It' s Called Online

Advertising' , *Correspondent*, 6 November 2019

Frey, Chris, 'Revealed: How Facial Recognition Has Invaded Shops - and Your Privacy' , *Guardian*, 3 March 2016

'FTC Imposes $5 Billion Penalty and Sweeping New Privacy Restrictions on Facebook' FTC Press Release, 24 July 2019

Fung, Brian, 'How Stores Use Your Phone' s WiFi to Track Your Shopping Habits' , *Washington Post*, 19 October 2013

Galdon Clavell, Gemma, 'Protect Rights at Automated Borders' , *Nature* 543, 2017

Gamba, Julien, Mohammed Rashed, Abbas Razaghpanah, Juan Tapiador and Narseo Vallina-Rodriguez, 'An Analysis of Pre-Installed Android Software' , 41st IEEE Symposium on Security and Privacy, 2019

Gan, Nectar, 'China Is Installing Surveillance Cameras Outside People' s Front Doors . . . and Sometimes Inside Their Homes' , *CNN Business*, 28 April 2020

Jedediah Purdy, 'The Anti-Democratic Worldview of Steve Bannon and Peter Thiel' , *Politico*, 30 November 2016

Gibbs, Samuel and Alex Hern, 'Google at 20: How Two "Obnoxious" Students Changed the Internet' , *Guardian*, 24 September 2018

Glanz, James and Andrew W. Lehren, 'NSA Spied on Allies, Aid Groups and Businesses' , *New York Times*, 21 December 2013

'The Government Uses "Near Perfect Surveillance" Data on Americans' , *New York Times*, 7 February 2020

Graham, Richard, 'Google and advertising: digital capitalism in the context of Post-Fordism, the reification of language, and the rise of fake news' , *Palgrave Communications* 3, 2017

Gralla, Preston, 'How to Protect Your Privacy on Facebook' , *Verge*, 7 June 2019

Gramlich, John, '10 Facts About Americans and Facebook' , Pew Research Center, 16 May 2019

'Grandmother Ordered to Delete Facebook Photos Under GDPR' , BBC News, 21 May 2020

Grassegger, Hannes, 'Facebook Says Its "Voter Button" Is Good for Turnout. But Should the Tech Giant Be Nudging Us at All?' , *Observer*, 15 April 2018

Grauer, Yael, 'What Are "Data Brokers," and Why Are They Scooping Up Information About You?' , *Motherboard*, 27 May 2018

Greenberg, Andy, 'A Guide to Getting Past Customs With Your Digital Privacy Intact' , *Wired*, 12 February 2017

Greenberg, Andy, 'How Hacked Water Heaters Could Trigger Mass Blackouts' , *Wired*, 13 August 2018

Greenberg, Andy, 'New Clues Show How Russia' s Grid Hackers Aimed for Physical Destruction' ,

Wired, 12 September 2019

Grothaus, Michael, 'Forget the New iPhones: Apple' s Best Product Is Now Privacy' , *Fast Company*, 13 September 2018

Guimón, Pablo, ' "Brexit Wouldn' t Have Happened Without Cambridge Analytica" ' , *El País*, 27 March 2018

Hagey, Keach, 'Behavioral Ad Targeting Not Paying Off for Publishers, Study Suggests' , *Wall Street Journal*, 29 May 2019

Halpern, Sue, 'Cambridge Analytica and the Perils of Psychographics' , *New Yorker*, 30 March 2018

David Hambling, 'The Pentagon Has a Laser That Can Identify People From a Distance – By Their Heartbeat' , *MIT Technology Review*, 27 June 2019

Harari, Yuval, 'The World After Coronavirus' , *Financial Times*, 20 March 2020

Hartzog, Woodrow and Evan Selinger, 'Facial Recognition Is the Perfect Tool for Oppression' , *Medium*, 2 August 2018

Harvey, Fiona, 'Ozone Layer Finally Healing After Damage Caused by Aerosols, UN Says' , *Guardian*, 5 November 2018

Heaven, Douglas, 'An AI Lie Detector Will Interrogate Travellers at Some EUBorders' , *New Scientist*, 31 October 2018

Helm, Toby, 'Patient Data From GP Surgeries Sold to US Companies' , *Observer*, 7 December 2019

Henley, Jon and Robert Booth, 'Welfare Surveillance System Violates Human Rights, Dutch Court Rules' , *Guardian*, 5 February 2020

Hern, Alex, 'Apple Contractors "Regularly Hear Confidential Details" on Siri Recordings' , *Guardian*, 26 July 2019

Hern, Alex, 'Apple Whistleblower Goes Public Over "Lack of Action" ' , *Guardian*, 20 May 2020

Hern, Alex, 'Are You A "Cyberhoarder" ? Five Ways to Declutter Your Digital Life – From Emails to Photos' , *Guardian*, 10 October 2018

Hern, Alex, 'Facebook Admits Contractors Listened to Users' Recordings Without Their Knowledge' , *Guardian*, 14 August 2019

Hern, Alex, 'Facebook "Dark Ads" Can Swing Political Opinions, Research Shows' , *Guardian*, 31 July 2017

Hern, Alex, 'Facebook Faces Backlash Over Users' Safety Phone Numbers' , *Guardian*, 4 March 2019

Hern, Alex, 'Hackers Publish Private Photos From Cosmetic Surgery Clinic' , *Guardian*, 31 May 2017

Hern, Alex, 'Netflix' s Biggest Competitor? Sleep' , Guardian, 18 April 2017

Hern, Alex, 'Privacy Policies of Tech Giants "Still Not GDPR-Compliant" ' , Guardian, 5 July 2018

Hern, Alex, 'Smart Electricity Meters Can Be Dangerously Insecure, Warns Expert' , *Guardian*, 29

December 2016

Hern, Alex, 'UK Homes Vulnerable to "Staggering" Level of Corporate Surveillance', *Guardian*, 1 June 2018

Hernández, José Antonio, 'Me han robado la identidad y estoy a base de lexatn; yo no soy una delincuente', *El País*, 24 August 2016

Hessel, Stéphane, *The Power of Indignation* (Skyhorse Publishing, 2012)

Hicken, Melanie, 'Data Brokers Selling Lists of Rape Victims, AIDS Patients', CNN, 19 December 2013

Hill, Kashmir, 'Facebook Added "Research" To User Agreement 4 Months After Emotion Manipulation Study', *Forbes*, 30 June 2014

Hill, Kashmir, 'Facebook Recommended That This Psychiatrist's Patients Friend Each Other', *Splinter News*, 29 August 2016

Hill, Kashmir, 'Facebook Was Fully Aware That Tracking Who People Call and Text Is Creepy But Did It Anyway', *Gizmodo*, 12 May 2018

Hill, Kashmir, 'How Facebook Outs Sex Workers', *Gizmodo*, 10 November 2017

Hill, Kashmir, 'I Got Access to My Secret Consumer Score. Now You Can Get Yours, Too', *New York Times*, 4 November 2019

Hill, Kashmir, '"People You May Know": A Controversial Facebook Feature's 10-Year History', *Gizmodo*, 8 August 2018

Hill, Kashmir and Aaron Krolik, 'How Photos of Your Kids Are Powering Surveillance Technology', *New York Times*, 11 October 2019

Hodson, Hal, 'Revealed: Google AI Has Access to Huge Haul of NHS Patient Data', *New Scientist*, 29 April 2016

Hoffman, Anna Lauren, 'Facebook is Worried About Users Sharing Less – But it Only Has Itself to Blame', *Guardian*, 19 April 2016

Hoffman, David A., 'Intel Executive: Rein In Data Brokers', *New York Times*, 15 July 2019

Holpuch, Amanda, 'Trump's Separation of Families Constitutes Torture, Doctors Find', *Guardian*, 25 February 2020

Hsu, Jeremy, 'The Strava Heat Map and the End of Secrets', *Wired*, 29 January 2018

Hsu, Tiffany, 'The Advertising Industry Has a Problem: People Hate Ads', *New York Times*, 28 October 2019

Isikoff, Michael, 'NSA Program Stopped No Terror Attacks, Says White House Panel Member', NBC News, 19 December 2013

Jenkins, Holman W., 'Google and the Search for the Future', *Wall Street Journal*, 14 August 2010

Johnson, Bobbie, 'Facebook Privacy Change Angers Campaigners', *Guardian*, 10 December 2009

Johnson, Bobbie, 'Privacy No Longer a Social Norm, Says Facebook Founder' , *Guardian*, 11 January 2010

Johnston, Casey, 'Facebook Is Tracking Your "Self-Censorship" ' , *Wired*, 17 December 2013

Jones, Rupert, 'Identity Fraud Reaching Epidemic Levels, New Figures Show' , *Guardian*, 23 August 2017

Kaiser, Brittany, *Targeted. My Inside Story of Cambridge Analytica and How Trump, Brexit and Facebook Broke Democracy* (HarperCollins, 2019)

Kaiser, Jocelyn, 'We Will Find You: DNA Search Used to Nab Golden State

Killer Can Home In On About 60% of White Americans' , *Science Magazine*, 11 October 2018

Kang, Cecilia and Mike Isaac, 'Defiant Zuckerberg Says Facebook Won' t Police Political Speech' , *New York Times*, 17 October 2019

Kang, Cecilia and Kenneth P. Vogel, 'Tech Giants Amass a Lobbying Army for an Epic Washington Battle' , *New York Times*, 5 June 2019

Kayyem, Juliette, 'Never Say "Never Again" ' , *Foreign Policy*, 11 September 2012

Kelion, Leo, 'Google Chief: I' d Disclose Smart Speakers Before Guests Enter My Home' , BBC News, 15 October 2019

Khan, Lina and David E. Pozen, 'A Skeptical View of Information Fiduciaries' , *Harvard Law Review* 133, 2019

Khandaker, Tamara, 'Canada Is Using Ancestry DNA Websites To Help It Deport People' , *Vice*, 26 July 2018

Kim, Tae, 'Warren Buffett Believes This Is "the Most Important Thing" to Find in a Business' , CNBC, 7 May 2018

Kim, Tami, Kate Barasz and Leslie K. John, 'Why Am I Seeing This Ad? The Effect of Ad Transparency on Ad Effectiveness' , *Journal of Consumer Research* 45, 2019

Klein, Naomi, 'Screen New Deal' , *Intercept*, 8 May 2020

Klein, Naomi, *The Shock Doctrine* (Random House, 2007)

Kleinman, Zoe, 'Politician' s Fingerprint "Cloned From Photos" By Hacker' , BBC News, 29 December 2014

Knoema, 'United States of America – Contribution of Travel and Tourism to GDP as a Share of GDP' (2018)

Kobie, Nicole, 'Heathrow' s Facial Recognition Tech Could Make Airports More Bearable' , *Wired*, 18 October 2018

Koepke, Logan, ' "We Can Change These Terms at Anytime" : The Detritus of Terms of Service Agreements' , *Medium*, 18 January 2015

Koerner, Brendan I., 'Your Relative' s DNA Could Turn You Into a Suspect' , *Wired*, 13 October

2015

Kosinski, Michal, David Stillwell and Thore Graepel, 'Private Traits and Attributes Are Predictable From Digital Records of Human Behavior' , *PNAS* 110, 2013

Kramer, Alexis, 'Forced Phone Fingerprint Swipes Raise Fifth Amendment Questions' , *Bloomberg Law*, 7 October 2019

Kurra, Babu, 'How 9/11 Completely Changed Surveillance in U.S.' , *Wired*, 11 September 2011

Lamont, Tom, 'Life After the Ashley Madison Affair' , *Observer*, 27 February 2016

Lapowsky, Issie, 'The 21 (and Counting) Biggest Facebook Scandals of 2018' , *Wired*, 20 December 2018

Lecher, Colin, 'Strava Fitness App Quietly Added a New Opt-Out for Controversial Heat Map' , *Verge*, 1 March 2018

Lee, Jennifer, 'Postcards From Planet Google' , *New York Times*, 28 November 2002

Lee, Micah and Yael Grauer, 'Zoom Meetings Aren' t End-to-End Encrypted, Despite Misleading Marketing' , *Intercept*, 31 March 2020

Levin, Sam, 'Tech Firms Make Millions from Trump' s Anti-Immigrant Agenda, Report Finds' , *Guardian*, 23 October 2018

Levitsky, Steven and Daniel Ziblatt, *How Democracies Die* (Penguin, 2018)

Levy, Steven, *In the Plex. How Google Thinks, Works, and Shapes Our Lives*(New York: Simon & Schuster, 2011)

Liu, Xiaoxuan, Livia Faes, Aditya U. Kale, Siegfried K. Wagner, Dun Jack Fu, Alice Bruynseels, Thushika Mahendiran, Gabriella Moraes, Mohith Shamdas, Christoph Kern, Joseph R. Ledsam, Martin K. Schmid, Konstantinos Balaskas, Eric J. Topol, Lucas M. Machmann, Pearse A. Keane and Alastair K. Denniston, 'A Comparison of Deep Learning Performance Against Health-Care Professionals in Detecting Diseases From Medical Imaging: A Systematic Review and Meta-Analysis' , *Lancet Digital Health* 1, 2019

Lomas, Natasha, 'A Brief History of Facebook' s Privacy Hostility Ahead of Zuckerberg' s Testimony' , *TechCrunch*, 10 April 2018

Lomas, Natasha, 'The Case Against Behavioral Advertising Is Stacking Up' , *TechCrunch*, 20 January 2019

Louis, Tristan, 'How Much Is a User Worth?' , *Forbes*, 31 August 2013

Lukes, Steven, *Power. A Radical View* (Red Globe Press, 2005)

Lyngaas, Sean, 'Hacking Nuclear Systems Is the Ultimate Cyber Threat. Are We Prepared?' , *Verge*, 23 January 2018

Macintyre, Amber, 'Who' s Working for Your Vote?' , *Tactical Tech*, 29 November 2018

MacLachlan, Alice, 'Fiduciary Duties and the Ethics of Public Apology' , *Journal of Applied*

Philosophy 35, 2018

Magalhães, João Carlos and Nick Couldry, 'Tech Giants Are Using This Crisis to Colonize the Welfare System', *Jacobin*, 27 April 2020

Mahdawi, Arwa, 'Spotify Can Tell If You're Sad. Here's Why That Should Scare You', *Guardian*, 16 September 2018

Malin, Bradley and Latanya Sweeney, 'Determining the Identifiability of DNA Database Entries', Proceedings, *Journal of the American Medical Informatics Association*, 2000

'A Manifesto for Renewing Liberalism', *The Economist*, 15 September 2018

Marcus, Gary, 'Total Recall: The Woman Who Can't Forget', *Wired*, 23 March 2009

Matsakis, Louise, 'Online Ad Targeting Does Work - As Long As It's Not Creepy', *Wired*, 11 May 2018

Matsakis, Louise, 'The WIRED Guide to Your Personal Data (and Who Is Using It)', *Wired*, 15 February 2019

Maxmen, Amy, 'Surveillance Science', *Nature* 569, 2019

Mayer-Schnberger, Viktor, *Delete. The Virtue of Forgetting in the Digital Age*(Princeton University Press, 2009)

McCue, TJ, '47 Percent of Consumers Are Blocking Ads', *Forbes*, 19 March 2019

Merchant, Brian, 'How Email Open Tracking Quietly Took Over the Web', *Wired*, 11 December 2017

Metz, Rachel, 'The Smartphone App That Can Tell You're Depressed Before You Know it Yourself', *MIT Technology Review*, 15 October 2018

Michel, Chlo, Michelle Sovinsky, Eugenio Proto and Andrew Oswald, 'Advertising as a Major Source of Human Dissatisfaction: Cross-National Evidence on One Million Europeans', in M. Rojas (ed.), *The Economics of Happiness* (Springer, 2019)

Midgley, Clare, 'Slave Sugar Boycotts, Female Activism and the Domestic Base of British Anti-Slavery Culture', *Slavery and Abolition* 17, 1996

Miles, Tom, 'UN Surveillance Expert Urges Global Moratorium on Sale of Spyware', *Reuters*, 18 June 2019

Mill, John Stuart, *Collected Works of John Stuart Mill* (University of Toronto Press, 1963)

Mill, John Stuart, *On Liberty* (Indianapolis: Hackett Publishing Company, 1978)

Mims, Christopher, 'Here Comes "Smart Dust," The Tiny Computers That Pull Power From The Air', *Wall Street Journal*, 8 November 2018

Mistreanu, Simina, 'Life Inside China's Social Credit Laboratory', *Foreign Policy*, 3 April 2018

Molla, Rani, 'These Publications Have the Most to Lose From Facebook's New Algorithm Changes', *Vox*, 25 January 2018

Moore, Barrington, *Privacy. Studies in Social and Cultural History* (Armonk, New York: M. E. Sharpe, 1984)

Mozur, Paul, Raymond Zhong and Aaron Krolik, 'In Coronavirus Fight, China Gives Citizens a Color Code, With Red Flags' , *New York Times*, 1 March 2020

Mller, Martin U., 'Medical Applications Expose Current Limits of AI' , *Spiegel*, 3 August 2018

Munro, Dan, 'Data Breaches In Healthcare Totaled Over 112 Million Records in 2015' , *Forbes*, 31 December 2015

Murphy, Erin E., Inside the Cell. T*he Dark Side of Forensic DNA* (Nation Books, 2015)

Murphy, Margi, 'Privacy concerns as Google absorbs DeepMind' s health division' , *Telegraph*, 13 November 2018

Nagel, Thomas, 'Concealment and Exposure' , *Philosophy and Public Affairs* 27, 1998

Nakashima, Ellen and Joby Warrick, 'Stuxnet Was Work of US and Israeli Experts, Officials Say' , *Washington Post*, 2 June 2012

'Nature' s Language Is Being Hijacked By Technology' , BBC News, 1 August 2019

Naughton, John, 'More Choice On Privacy Just Means More Chances To Do What' s Best For Big Tech' , *Guardian*, 8 July 2018

Neff, Gina and Dawn Nafus, *Self-Tracking* (MIT Press, 2016)

Newman, Lily Hay, 'How to Block the Ultrasonic Signals You Didn' t Know Were Tracking You' , *Wired*, 3 November 2016

Newton, Casey, 'How Grindr Became a National Security Issue' , *Verge*, 28 March 2019

Ng, Alfred, 'Teens Have Figured Out How to Mess With Instagram' s Tracking Algorithm' , CNET, 4 February 2020

Ng, Alfred, 'With Smart Sneakers, Privacy Risks Take a Great Leap' , CNET, 13 February 2019

Nguyen, Nicole, 'If You Have a Smart TV, Take a Closer Look at Your Privacy Settings' , CNBC, 9 March 2017

Noble, Safiya, *Algorithms of Oppression. How Search Engines Reinforce Racism* (NYU Press, 2018)

O' Flaherty, Kate, 'Facebook Shuts Its Onavo Snooping App - But It Will Continue to Abuse User Privacy' , *Forbes*, 22 February 2019

Ogilvy, David, *Confessions of an Advertising Man* (Harpenden: Southbank Publishing, 2013)

O' Hara, Kieron and Nigel Shadbolt, 'Privacy on the Data Web' , *Communications of the ACM* 53, 2010

O' Harrow Jr, Robert, 'Online Firm Gave Victim' s Data to Killer' , *Chicago Tribune*, 6 January 2006

Oliver, Myrna, 'Legends Nureyev, Gillespie Die: Defector Was One of Century' s Great Dancers' , *Los Angeles Times*, 7 January 1993

Olson, Parmy, 'Exclusive: WhatsApp Cofounder Brian Acton Gives the Inside Story On #DeleteFacebook and Why He Left $850 Million Behind', *Forbes*, 26 September 2018

Orphanides, K. G., 'How to Securely Wipe Anything From Your Android, iPhone or PC', *Wired*, 26 January 2020

Orwell, George, *Fascism and Democracy* (Penguin, 2020)

Orwell, George, *Politics and the English Language* (Penguin, 2013)

Osborne, Hilary, 'Smart Appliances May Not be Worth Money in the Long Run, Warns Which?', *Guardian*, 8 June 2020

O' Sullivan, Donie and Drew Griffin, 'Cambridge Analytica Ran Voter Suppression Campaigns, Whistleblower Claims', CNN, 17 May 2018

Parcak, Sarah, 'Are We Ready for Satellites That See Our Every Move?', *New York Times*, 15 October 2019

Parkin, Simon, 'Has Dopamine Got Us Hooked on Tech?', *Guardian*, 4 March 2018

Paul, Kari, 'Zoom to Exclude Free Calls From End-to-End Encryption to Allow FBI Cooperation', *Guardian*, 4 June 2020

Penney, Jonathon W., 'Chilling Effects: Online Surveillance and Wikipedia Use', *Berkeley Technology Law Journal* 31, 2016

Prez Colom, Jordi, 'Por qu China roba datos privados de decenas de millones de estadounidenses', *El País*, 17 February 2020

Peterson, Andrea, 'Snowden filmmaker Laura Poitras: "Facebook is a gift to intelligence agencies"', *Washington Post*, 23 October 2014

Phillips, Dom, 'Brazil' s Biggest Newspaper Pulls Content From Facebook After Algorithm Change', *Guardian*, 8 February 2018

Poole, Steven, 'Drones the Size of Bees - Good or Evil?', *Guardian*, 14 June 2013

Popper, Karl, *The Open Society and Its Enemies* (Routledge, 2002)

Poulson, Jack, 'I Used to Work for Google. I Am a Conscientious Objector', *New York Times*, 23 April 2019

Powles, Julia, 'DeepMind' s Latest AI Health Breakthrough Has Some Problems', Medium, 6 August 2019

Powles, Julia and Enrique Chaparro, 'How Google Determined Our Right to be Forgotten', *Guardian*, 18 February 2015

Powles, Julia and Hal Hodson, 'Google DeepMind and Healthcare in an Age of Algorithms', *Health and Technology* 7, 2017

Price, Rob, 'An Ashley Madison User Received a Terrifying Blackmail Letter', Business *Insider*, 22 January 2016

'Privacy Online: Fair Information Practices in the Electronic Marketplace. A Report to Congress' (Federal Trade Commission, 2000)

Quain, John R., 'Cars Suck Up Data About You. Where Does It All Go?', *New York Times*, 27 July 2017

Ralph, Oliver, 'Insurance and the Big Data Technology Revolution', *Financial Times*, 24 February 2017

Ram, Aliya and Emma Boyde, 'People Love Fitness Trackers, But Should Employers Give Them Out?', *Financial Times*, 16 April 2018

Ram, Aliya and Madhumita Murgia, 'Data Brokers: Regulators Try To Rein In The "Privacy Deathstars"', *Financial Times*, 8 January 2019

Ramsey, Lydia and Samantha Lee, 'Our DNA is 99.9% the Same as the Person Next to Us - and We're Surprisingly Similar to a Lot of Other Living Things', *Business Insider*, 3 April 2018

Raphael, J. R., '7 Google Privacy Settings You Should Revisit Right Now', *Fast Company*, 17 May 2019

'Report on the President's Surveillance Program' (2009)

Revell, Timothy, 'How to Turn Facebook Into a Weaponised AI Propaganda Machine', *New Scientist*, 28 July 2017

Rogers, Kaleigh, 'Let's Talk About Mark Zuckerberg's Claim That Facebook "Doesn't Sell Data"', *Motherboard*, 11 April 2018

Romm, Tony, 'Tech Giants Led by Amazon, Facebook and Google Spent Nearly Half a Billion on Lobbying Over the Last Decade', *Washington Post*, 22 January 2020

Russell, Bertrand, *Power. A New Social Analysis* (Routledge, 2004)

Salinas, Sara, 'Six Top US Intelligence Chiefs Caution Against Buying Huawei Phones', CNBC, 13 February 2018

Sanger, David E., 'Hackers Took Fingerprints of 5.6 Million U.S. Workers, Government Says', *New York Times*, 23 September 2015

Sanghani, Radhika, 'Your Boss Can Read Your Personal Emails. Here's What You Need To Know', *Telegraph*, 14 January 2016

Satariano, Adam, 'Europe's Privacy Law Hasn't Shown Its Teeth, Frustrating Advocates', *New York Times*, 27 April 2020

Savage, Charlie, 'Declassified Report Shows Doubts About Value of N.S.A.'s Warrantless Spying', *New York Times*, 25 April 2015

Savage, Charlie, *Power Wars. Inside Obama's Post-9/11 Presidency* (New York: Little, Brown and Company, 2015)

Schilit, S. L. and A. Schilit Nitenson, 'My Identical Twin Sequenced our Genome', *Journal of*

Genetic Counseling 26, 2017

Schneier, Bruce, *Click Here to Kill Everybody. Security and Survival in a Hyper-Connected World* (New York: W. W. Norton & Company, 2018)

Schneier, Bruce, *Data and Goliath* (London: W. W. Norton & Company, 2015)

Schneier, Bruce, 'Data is a toxic asset, so why not throw it out?' , CNN, 1 March 2016

Bruce Schneier and James Waldo, 'AI Can Thrive in Open Societies' , *Foreign Policy*, 13 June 2019

Selinger, Evan and Woodrow Hartzog, 'What Happens When Employers Can Read Your Facial Expressions?' , *New York Times*, 17 October 2019

Seltzer, William and Margo Anderson, 'The Dark Side of Numbers: The Role of Population Data Systems in Human Rights Abuses' , *Social Research* 68, 2001

Shaban, Hamza, 'Google for the First Time Outspent Every Other Company to Influence Washington in 2017' , *Washington Post*, 23 January 2018

Shadbolt, Nigel and Roger Hampson, *The Digital Ape. How to Live (in Peace) with Smart Machines* (Oxford University Press, 2019)

Shaer, Matthew, 'The False Promise of DNA Testing' , *Atlantic* (June 2016)

Sherman, Len, 'Zuckerberg' s Broken Promises Show Facebook Is Not Your Friend' , *Forbes*, 23 May 2018

Shontell, Alyson, 'Mark Zuckerberg Just Spent More Than $30 Million Buying 4 Neighboring Houses So He Could Have Privacy' , *Business Insider*, 11 October 2013

Singel, Ryan, 'Netflix Spilled Your Brokeback Mountain Secret, Lawsuit Claims' , *Wired*, 17 December 2009

Singer, Natasha, 'Data Broker Is Charged With Selling Consumers' Financial Details to "Fraudsters" ' , *New York Times*, 23 December 2014

Singer, Natasha, 'Facebook' s Push For Facial Recognition Prompts Privacy Alarms' , *New York Times*, 9 July 2018

Smith, Dave and Phil Chamberlain, 'On the Blacklist: How Did the UK' s Top Building Firms Get Secret Information on Their Workers?' , *Guardian*, 27 February 2015

Smith, David, 'How Key Republicans Inside Facebook Are Shifting Its Politics to the Right' , *Guardian*, 3 November 2019

Snowden, Edward, *Permanent Record* (Macmillan, 2019)

Solon, Olivia, 'Ashamed to Work in Silicon Valley: How Techies Became the New Bankers' , *Guardian*, 8 November 2017

Solon, Olivia, ' "Data Is a Fingerprint" : Why You Aren' t as Anonymous as You Think Online' , *Guardian*, 13 July 2018

Solon, Olivia, ' "Surveillance Society" : Has Technology at the US-Mexico Border Gone Too Far?' ,

Guardian, 13 June 2018

'Something Doesn' t Ad Up About America' s Advertising Market' , *The Economist*, 18 January 2018

St John, Allen, 'How Facebook Tracks You, Even When You' re Not on Facebook' , *Consumer Reports*, 11 April 2018

Stanokvic, L., V. Stanokvic, J. Liao and C. Wilson, 'Measuring the Energy Intensity of Domestic Activities From Smart Meter Data' , *Applied Energy*183, 2016

Statt, Nick, 'Facebook CEO Mark Zuckerberg Says the "Future is Private" ' , *Verge*, 30 April 2019

Statt, Nick, 'How AT&T' s Plan to Become the New Facebook Could Be a Privacy Nightmare' , *Verge*, 16 July 2018

Statt, Nick, 'Peter Thiel' s Controversial Palantir Is Helping Build a Coronavirus Tracking Tool for the Trump Admin' , *Verge*, 21 April 2020

Stehr, Nico and Marian T. Adolf, 'Knowledge/Power/Resistance' , *Society* 55, 2018

Stokel-Walker, Chris, 'Zoom Security: Take Care With Your Privacy on the Video App' , *The Times*, 12 April 2020

Stone, Linda, 'The Connected Life: From Email Apnea to Conscious Computing' , *Huffington Post*, 7 May 2012

Strickland, Eliza, 'How IBM Watson Overpromised and Underdelivered on AI Health Care' , *IEEE Spectrum*, 2 April 2019

Susskind, Jamie, *Future Politics. Living Together in a World Transformed by Tech* (Oxford University Press, 2018)

Talisse, Robert B., 'Democracy: What' s It Good For?' , *Philosophers' Magazine* 89, 2020

Tandy-Connor, S., J. Guiltinan, K. Krempely, H. LaDuca, P. Reineke, S. Gutierrez, P. Gray and B. Tippin Davis, 'False-Positive Results Released by Direct-to-Consumer Genetic Tests Highlight the Importance of Clinical Confirmation Testing for Appropriate Patient Care' , *Genetics in Medicine* 20, 2018

Tang, Frank, 'China Names 169 People Banned From Taking Flights or Trains Under Social Credit System' , *South China Morning Post*, 2 June 2018

Tanner, Adam, *Our Bodies, Our Data. How Companies Make Billions Selling Our Medical Records* (Beacon Press, 2017)

Thompson, Stuart A. and Charlie Warzel, 'Twelve Million Phones, One Dataset, Zero Privacy' , *New York Times*, 19 December 2019

Thomson, Amy and Jonathan Browning, 'Peter Thiel' s Palantir Is Given Access to U.K. Health Data on Covid-19 Patients' , *Bloomberg*, 5 June 2020

Tiku, Nitasha, 'Privacy Groups Claim Online Ads Can Target Abuse Victims' , *Wired*, 27 January

2019

Tondo, Lorenzo, 'Scientists Say Mass Tests in Italian Town Have Halted Covid-19 There' , *Guardian*, 18 March 2020

Trafton, Anne, 'Artificial Intelligence Yields New Antibiotic' , MIT News Office, 20 February 2020

Trump, Kris-Stella, 'Four and a Half Reasons Not to Worry That Cambridge Analytica Skewed the 2016 Election' , *Washington Post*, 23 March 2018

Turton, William, 'Why You Should Stop Using Telegram Right Now' , *Gizmodo*, 24 June 2016

Tynan, Dan, 'Facebook Says 14m Accounts Had Personal Data Stolen in Recent Breach' , *Guardian*, 12 October 2018

'Update Report Into Adtech and Real Time Bidding' (United Kingdom: Information Commissioner' s Office, 2019)

Valentino-DeVries, Jennifer, Natasha Singer, Michael H. Keller and Aaron Krolik, 'Your Apps Know Where You Were Last Night, and They' re Not Keeping It Secret' , *New York Times*, 10 December 2018

Vliz, Carissa, 'Data, Privacy and the Individual' (Madrid: Center for the Governance of Change, IE University, 2020)

Véliz, Carissa, 'Inteligencia artificial: progreso o retroceso?' , *El Pas*, 14 June 2019

Véliz, Carissa, 'Privacy is a Collective Concern' , *New Statesman*, 22 October 2019

Véliz, Carissa, 'Why You Might Want to Think Twice About Surrendering Online Privacy for the Sake of Convenience' , *The Conversation*, 11 January 2017

Véliz, Carissa and Philipp Grunewald, 'Protecting Data Privacy Is Key to a Smart Energy Future' , *Nature Energy* 3, 2018

Victor, Daniel, 'What Are Your Rights if Border Agents Want to Search Your Phone?' , *New York Times*, 14 February 2017

Vold, Karina and Jess Whittlestone, 'Privacy, Autonomy, and Personalised Targeting: Rethinking How Personal Data Is Used' , in Carissa Véliz (ed.), *Data, Privacy, and the Individual* (Center for the Governance of Change, IE University, 2019)

Waddell, Kaveh, 'A NASA Engineer Was Required To Unlock His Phone At The Border' , *Atlantic*, 13 February 2017

Wall, Matthew, '5G: "A Cyber-Attack Could Stop the Country" ' , BBC News, 25 October 2018

Wallace, Gregory, 'Instead of the Boarding Pass, Bring Your Smile to the Airport' , CNN, 18 September 2018

Wang, Echo and Carl O' Donnell, 'Behind Grindr' s Doomed Hookup in China, a Data Misstep and Scramble to Make Up' , *Reuters*, 22 May 2019

Wang, L., L. Ding, Z. Liu, L. Sun, L. Chen, R. Jia, X. Dai, J. Cao and J. Ye, 'Automated

Identification of Malignancy in Whole-Slide Pathological Images: Identification of Eyelid Malignant Melanoma in Gigapixel Pathological Slides Using Deep Learning' , *British Journal of Ophthalmology*104, 2020

Wang, Orange, 'China' s Social Credit System Will Not Lead to Citizens Losing Access to Public Services, Beijing Says' , *South China Morning Post*, 19 July 2019

Warzel, Charlie, 'Chinese Hacking Is Alarming. So Are Data Brokers' , *New York Times*, 10 February 2020

Warzel, Charlie and Ash Ngu, 'Google' s 4,000-Word Privacy Policy Is a Secret History of the Internet' , *New York Times*, 10 July 2019

Watson, Gary, 'Moral Agency' , *The International Encyclopedia of Ethics* (2013)

Weber, M., *Economy and Society* (Berkeley: University of California Press, 1978)

Weinberg, Gabriel, 'What If We All Just Sold Non-Creepy Advertising?' , *New York Times*, 19 June 2019

Weiss, Mark, 'Digiday Research: Most Publishers Don' t Benefit From Behavioral Ad Targeting' , *Digiday*, 5 June 2019

Whittaker, Zack, 'A Huge Database of Facebook Users' Phone Numbers Found Online' , *TechCrunch*, 4 September 2019

Williams, James, *Stand Out of Our Light. Freedom and Resistance in the Attention Economy* (Cambridge: Cambridge University Press, 2018)

Williams, Oscar, 'Palantir' s NHS Data Project "may outlive coronavirus crisis" ' , *New Statesman*, 30 April 2020

Wilson, James H., Paul R. Daugherty and Chase Davenport, 'The Future of AI Will Be About Less Data, Not More' , *Harvard Business Review*, 14 January 2019

Wolff, Jonathan, 'The Lure of Fascism' , *Aeon*, 14 April 2020

Wolfson, Sam, 'Amazon' s Alexa Recorded Private Conversation and Sent it to Random Contact' , *Guardian*, 24 May 2018

Wolfson, Sam, 'For My Next Trick: Dynamo' s Mission to Bring Back Magic' , *Guardian*, 26 April 2020

Wong, Edward, 'How China Uses LinkedIn to Recruit Spies Abroad' , *New York Times*, 27 August 2019

Wood, Chris, 'WhatsApp Photo Drug Dealer Caught By "Groundbreaking Work" ' , BBC News, 15 April 2018

Wu, Tim, *The Attention Merchants* (Atlantic Books, 2017)

Wu, Tim, 'Facebook Isn' t Just Allowing Lies, It' s Prioritizing Them' , *New York Times*, 4 November 2019

Wylie, Christopher, *Mindf*ck. Inside Cambridge Analytica' s Plot to Break the World* (London: Profile Books, 2019)

Yadron, Danny, 'Silicon Valley Tech Firms Exacerbating Income Inequality, World Bank Warns' , *Guardian*, 15 January 2016

Zetter, Kim, 'The NSA Is Targeting Users of Privacy Services, Leaked Code Shows' , *Wired*, 3 July 2014

Zittrain, Jonathan, 'Facebook Could Decide an Election Without Anyone Ever Finding Out' , *New Statesman*, 3 June 2014

Zittrain, Jonathan, 'How to Exercise the Power You Didn' t Ask For' , *Harvard Business Review*, 19 September 2018

Zou, James and Londa Schiebinger, 'AI Can Be Sexist and Racist - It' s Time to Make It Fair' , *Nature* 559, 2018

Zuboff, Shoshana, *The Age of Surveillance Capitalism* (London: Profile Books, 2019)

私隱即權力
PRIVACY IS POWER

作　　者　Carissa Véliz（卡里莎・貝利斯）
譯　　者　吳品儒
責任編輯　Yannes
書籍設計　Something Moon

在世界中哼唱，留下文字迴響。

出　　版　蜂鳥出版有限公司
電　　郵　hello@hummingpublishing.com
網　　址　www.hummingpublishing.com
臉　　書　www.facebook.com/humming.publishing/

發　　行　泛華發行代理有限公司
印　　刷　嘉昱有限公司
初版一刷　2022 年 9 月
定　　價　港幣 HK$128　新台幣 NT$640
國際書號　978-988-75053-9-6